EL DICCIONARIO DEFINITIVO DEL K-POP

DE HANGUL A KONGLISH – DESCIFRA EL ARGOT FAN, LA CULTURA IDOL, LAS LETRAS DE CANCIONES Y LA JERGA CON MÁS DE 500 PALABRAS Y FRASES COMUNES EN EL MUNDO DEL K-POP

HALLYU PRESS

Diseño de portada por Kostis Pavlou

1ª Edición 2025

ÍNDICE

INTRO

¡Bienvenido al *Diccionario Definitivo de K-Pop!* Este libro es tu guía definitiva para comprender el idioma, la cultura y el funcionamiento interno del K-pop. Desde los conceptos básicos del Hangul hasta los términos especializados de la industria, este recurso te ayudará a explorar con confianza y conocimiento el vibrante mundo de la música pop coreana.

Cómo usar este diccionario

Cada capítulo y sección están organizados para ofrecer una comprensión clara y completa de la terminología y cultura del K-pop. Puedes seguir los capítulos en orden para construir tu conocimiento o saltar directamente a secciones específicas para consulta rápida. Las definiciones incluyen ejemplos y contexto para garantizar claridad. Así es como están organizadas las entradas:

- **Orden alfabético:** Los términos en coreano, inglés y español están ordenados alfabéticamente según su escritura en inglés/español o su romanización. Hemos decidido mezclar palabras coreanas e inglesas porque esto refleja cómo se usan realmente los términos en el fandom internacional del K-pop. Ya sea una frase en coreano como *aegyo* o un término en inglés como *bias wrecker*, los fans encuentran ambos con frecuencia en las mismas conversaciones. Las entradas también aparecen en la forma más natural en la que es probable que las veas, asegurando que, ya sea leyendo publicaciones en redes sociales, viendo entrevistas o interactuando con otros fans, puedas encontrar y entender rápidamente los términos en su uso común.

- **Formato de palabras en coreano:** Para los términos en coreano, primero se muestra la romanización o escritura más comúnmente utilizada, seguida del Hangul (한글) y luego la romanización adecuada entre paréntesis, con las sílabas separadas por guiones. Esto puede parecer un poco repetitivo, pero ayuda a mantener la claridad y facilitar la comprensión para los estudiantes.

- **Conjugación de verbos:** Los verbos en coreano se conjugan según los niveles de cortesía (informal, cortés y formal), en lugar de por la persona que realiza la acción (como sucede en inglés). Si bien este libro no profundiza en la conjugación de verbos—eso es literalmente otro libro, *Coreano para K-pop Fans*—se especificará el nivel de cortesía de los verbos cuando sea necesario. De este modo, podrás comprender mejor el contexto social adecuado para cada expresión.

Lo que encontrarás dentro

Introducción al Hangul

Empieza con los conceptos básicos del Hangul, el alfabeto coreano. No necesitas dominarlo para usar este diccionario, pero un poco de conocimiento te ayudará a apreciar y comprender mejor el idioma coreano.

Capítulo 1: Jerga del K-pop

Explora términos esenciales en inglés (usados internacionalmente) y coreano relacionados con la vida idol, los roles y la cultura fandom. Ya sea para entender qué es un *maknae* o descubrir qué significa un *bias wrecker*, este capítulo cubre el vocabulario que todo fan necesita.

Capítulo 2: Términos de la industria

Sumérgete en los roles detrás de cámaras, los procesos de producción musical y los elementos de las presentaciones que dan vida al K-pop. Obtén una visión más profunda del arte y el esfuerzo que hay detrás de cada actuación.

Capítulo 3: Escenarios del K-pop

Descubre los principales escenarios, plataformas de actuación, programas musicales, premios y listas de éxitos que definen la industria del K-pop. Este capítulo destaca los hitos y logros que enorgullecen a los fandoms.

Capítulo 4: Palabras y frases en coreano

Aprende expresiones, jerga y lenguaje cotidiano que los idols utilizan en discursos y letras de canciones. Perfecto para descifrar tus canciones favoritas y entender entrevistas de idols.

Capítulo 5: Glosario Español-Coreano

Una sección de referencia rápida para traducir palabras, frases y expresiones en español relacionadas con el K-pop.

Apéndice

El apéndice incluye tablas útiles para consulta rápida: idols y grupos representativos organizados por generación y agencia, nombres de fandoms y expresiones comunes en coreano para mensajes de texto.

ESTE DICCIONARIO ES MÁS que una simple lista de términos; es una ventana a la cultura, creatividad y comunidad que han convertido al K-pop en un fenómeno global. ¡Adéntrate y disfruta tu viaje al corazón del K-pop!

HANGUL 101: UNA GUÍA BÁSICA PARA PRINCIPIANTES

FOR CURIOUS FANS WHO WANT TO GO BEYOND ROMANIZATION

Aunque no necesitas conocer el Hangul —el alfabeto coreano— para usar este diccionario, aprender un poco sobre él puede enriquecer tu aprecio por el idioma y la cultura coreana.

El Hangul es uno de los sistemas de escritura más lógicos del mundo, y comprender sus conceptos básicos puede hacer que leer, pronunciar y reconocer términos de K-pop sea aún más divertido.

Piensa en esto como una habilidad "opcional pero interesante" para los fans curiosos, en lugar de un requisito. Si tienes ganas de explorar más el Hangul y el idioma coreano, no dudes en consultar nuestro libro de instrucción lingüística, *Coreano para K-Pop Fans*, diseñado especialmente para personas como tú.

LETRAS DEL HANGUL

El alfabeto Hangul es un sistema fonético de 24 letras: 14 consonantes y 10 vocales. Se combinan en bloques silábicos, cada uno representando una sílaba. Además, el Hangul incluye 5 consonantes dobles y 11 diptongos, diseñados para sonidos específicos. A diferencia del chino, donde los caracteres transmiten significados, el Hangul se enfoca en los sonidos.

Consonantes Básicas

Son 14 en total, y son las siguientes:

Hangul	Nombre de la letra	Pronunciación romanizada	Notas
ㄱ	giyeok	g/k	similar a la «k» en «rock» o la «g» en «gato»
ㄴ	nieun	n	similar a la «n» de «no»
ㄷ	digeut	d/t	similar a la «t» en «robot» o la «d» en «dedo»
ㄹ	rieul	r/l	una combinación de sonidos «r» y «l», similar a la «r» en «río» o la «l» en «canal»
ㅁ	mieum	m	como la «m» de «mamá»
ㅂ	bieup	b/p	similar a la «p» en «papá» o la «b» en «bonito»
ㅅ	siot	s	como la «s» de «sol»
ㅇ	ieung	ng	muda al principio de una sílaba, pero cuando está al final se pronuncia como «ng» en «camping»
ㅈ	jieut	j	similar a la «ll» en «llanto»
ㅊ	chieut	ch	aspirada; similar a la «ch» de «chico»
ㅋ	kieuk	k	aspirada; similar a la «k» en «rock»
ㅌ	tieut	t	aspirada; similar a la «t» en «top»
ㅍ	pieup	p	aspirada; a la «p» en «chip»
ㅎ	hieut	h	similar a la «j» en «jugo»

*ㅇ *es una consonante muda que se utiliza cuando un bloque silábico (que explicaremos más adelante) solo tiene un sonido vocálico, como «ah» u «oh». En coreano, no se puede utilizar una vocal sola sin una consonante por delante, así que utilizan esta consonante muda como marcador de posición. Pero cuando se utiliza como consonante al final de un bloque silábico, se pronuncia «ng», como en «camping».*

Observa que algunas de las consonantes coreanas básicas suenan similares a las intermedias del inglés tal y como las conocemos, lo que hace que sean más difíciles de pronunciar.

- ㄱ es una combinación de «g» y «k»
- ㄷ es una combinación de «d» y «t»
- ㄹ es una combinación de «l» y «r
- ㅂ es una combinación de «b» y «p»

Por eso cuando veas una «g» o una «k», una «b» o una «p», etc. en este libro —o cuando estos sonidos aparecen romanizados en otros lugares como en los menús de los restaurantes— ten en cuenta que son básicamente iguales e intercambiables.

También hay ciertas consonantes o sonidos que no existen en el idioma coreano, entre ellos los sonidos de "F" y "Z". En su lugar, los coreanos suelen usar mayormente la "P" en lugar de la "F" y la "J" en lugar de la "Z".

Consonantes dobles

Las consonantes dobles, como ㄲ (gg/kk) y ㅆ (ss), se forman combinando dos consonantes simples para crear un sonido más enfático. Suelen aparecer en palabras onomatopéyicas (palabras que imitan sonidos naturales) o al expresar emociones fuertes.

Aquí están las cinco consonantes dobles:

Hangul	Nombre de la letra	Pronunciación romanizada	Notas
ㄲ	ssang-giyeok	gg/kk	tensa; versión más fuerte de ㄱ, como «q» en «quiero»
ㄸ	ssang-digeut	dd/tt	tensa; versión más fuerte de ㄷ, como «t» en «taza»
ㅃ	ssang-bieup	bb/pp	tensa; versión más fuerte de ㅂ, como «p» en «papa»
ㅆ	ssang-siot	ss	tensa; versión más fuerte de ㅅ, como «s» en «sol»
ㅉ	ssang-jieut	jj	tensa; versión más fuerte de ㅈ, como «tz» en «pizza»

Vocales básicas

Las vocales coreanas mantienen sus sonidos distintivos independientemente de su posición en una palabra. Tanto si aparece al principio, como en medio o al final de una palabra, su pronunciación permanece constante, al igual que el español. Las vocales del hangul no tienen nombres especiales, sino que simplemente se las llama por los sonidos que representan.

Son diez en total, y son:

Hangul	Pronunciación romanizada	Notas
ㅏ	ah	como «a» en «padre»
ㅓ	eo	Es una combinación de «e» y «o»
ㅗ	o	como la «o» en «como»
ㅜ	u	como la «u» en «fruta»
ㅡ	eu	Es una combinación de «e» y «u»
ㅣ	i	como «i» en «iguana»
ㅑ	yah	se pronuncia /ia/
ㅕ	yeo	Es una combinación de «y», «e» y «o»
ㅛ	yo	se pronuncia /io/
ㅠ	yu	se pronuncia /iu/

Diptongos (Vocales compuestas)

Al igual que las consonantes dobles, los diptongos representan ciertos sonidos que no existen en español. Los diptongos son combinaciones de dos sonidos vocálicos que se combinan para crear un nuevo sonido.

En coreano, hay 11 diptongos:

Hangul	Pronunciación romanizada	Notas
ㅐ	ae	se pronuncia /e/
ㅔ	e	se pronuncia /e/
ㅚ	oe	se pronuncia /we/
ㅟ	wi	se pronuncia /wi/
ㅘ	wa	se pronuncia /wa/
ㅙ	wae	se pronuncia /we/
ㅝ	wo	se pronuncia /wo/
ㅞ	we	se pronuncia /we/
ㅢ	ui	se pronuncia /ui/
ㅒ	yae	se pronuncia /ie/
ㅖ	ye	se pronuncia /ie/

BLOQUES SILÁBICOS

A diferencia de la disposición lineal de las letras en español, el Hangul organiza sus caracteres en unidades silábicas llamadas **bloques silábicos**. Cada bloque está compuesto por dos o más letras que se combinan para representar una sola sílaba.

Las palabras en coreano se componen de uno o más bloques silábicos, y cada uno representa una sílaba distinta. Esta agrupación única es un aspecto fundamental del sistema de escritura coreano y lo diferencia de muchos otros sistemas de escritura del mundo.

Existen nueve tipos de bloques silábicos:

1. consonante + vocal vertical – Ejemplo: 차

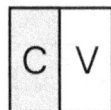

2. consonante + vocal horizontal – Ejemplo: 무

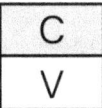

3. consonante + vocal compuesta – Ejemplo: 왜

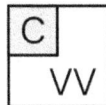

4. consonante + vocal vertical + consonante final – Ejemplo: 점

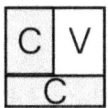

5. consonante + vocal horizontal + consonante final – Ejemplo: 음

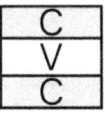

6. consonante + vocal compuesta + consonante final – Ejemplo: 원

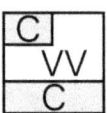

7. consonante + vocal vertical + (consonante final + consonante final) — Ejemplo: 귏

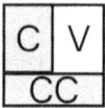

8. consonante + vocal horizontal + (consonante final + consonante final) — Ejemplo: 뷹

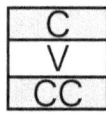

9. consonante + vocal compuesta + (consonante final + consonante final) – Aunque en teoría es posible que una sílaba se construya así, en realidad casi nunca se utiliza, tanto que ni siquiera se nos ocurrió un ejemplo de uso real en una palabra. En otras palabras, no te preocupes por esta.

LA CONSONANTE FINAL

Esta se añade al final de un bloque silábico se conoce como 받침 (batchim) en coreano, y se traduce como «base de apoyo».

Las consonantes cambian de sonido cuando se utilizan como consonantes finales en las sílabas. Todas se pronuncian con uno de estos siete sonidos.

Aquí está la lista:

	Si están en la posición de consonantes finales...	Pronúncialas así...
1	ㄱ, ㅋ, ㄲ, ㄳ, ㄺ	ㄱ (k)
2	ㄴ, ㄵ, ㄶ	ㄴ (n)
3	ㄷ, ㅌ, ㅅ, ㅆ, ㅈ, ㅊ, ㅎ	ㄷ (t)
4	ㄹ, ㄼ, ㄾ, ㅀ	ㄹ (l)
5	ㅁ, ㄻ	ㅁ (m)
6	ㅂ, ㅍ, ㅄ, ㄿ	ㅂ (p)
7	ㅇ	ㅇ (ng)

Para añadir un poco más de complejidad —como si la necesitaras—, las consonantes finales pueden cambiar la pronunciación de las sílabas que las siguen inmediatamente. Este fenómeno se conoce como *asimilación fonética*. No entraremos en todos los detalles aquí; como cualquier idioma, el coreano tiene sus particularidades y complejidades.

Así que ten en cuenta que algunas romanizaciones pueden no seguir las reglas básicas, pero no pasa nada—relájate y sigue el ritmo.

CAPÍTULO 1

JERGA DE IDOLS Y FANS
TÉRMINOS EN INGLÉS Y COREANO SOBRE LA VIDA DE LOS IDOLS, SUS ROLES Y LA CULTURA DEL FANDOM

The 5th Year Curse [La Maldición del Quinto Año] (5년차 징크스 | o-nyeon-cha jing-keu-seu)

- Se refiere a los desafíos que los grupos de idols suelen enfrentar alrededor de su quinto año después del debut, como la disminución de popularidad, conflictos internos o dificultades para seguir siendo relevantes.
- **Nota:** Para el quinto año, los grupos más nuevos pueden eclipsar a los más antiguos, y los miembros suelen explorar proyectos en solitario, poniendo a prueba la unidad del grupo. El agotamiento también es un factor importante. Superar este período requiere reinvención y adaptabilidad.

The 7th Year Itch [La comezón del séptimo año] (7년차 징크스 | chil-nyeon-cha jing-keu-seu)

- Una fase crítica en el K-pop cuando los grupos enfrentan la expiración de contratos, disolución o cambios en la alineación en su séptimo año.
- **Ejemplos:** 2NE1 y GFriend se disolvieron en su séptimo

año, mientras que BTS y SHINee renovaron y
prosperaron.

- **Nota:** La duración estándar de los contratos en la industria
  del K-pop es de siete años. Al llegar a este punto, los artistas
  deben tomar decisiones clave sobre renovar, disolverse o
  seguir carreras en solitario, lo que convierte este momento
  en una etapa crucial tanto para ellos como para sus fans.

Ace [As] (에이스 | e-i-seu)

- Un idol que sobresale en un área específica, como el canto,
  el baile o la imagen, pero que también es altamente
  competente en otras habilidades.
- **Ejemplo:** Jennie es considerada el "Ace" de BLACKPINK,
  ya que es la Rapera Principal y, al mismo tiempo, posee un
  gran talento vocal, presencia escénica y habilidades de
  desempeño bien equilibradas.
- **Nota:** El "Ace" suele ser visto como el miembro destacado
  del grupo, alguien que representa su fortaleza o que con
  frecuencia es impulsado al frente debido a su talento
  excepcional o carisma. Aunque son versátiles, su dominio
  en una habilidad particular suele definir su rol.
- **Término relacionado:** *All-Rounder*.

Aegyo (애교 | ae-gyo)

- Se refiere a una "muestra tierna de afecto," expresada a
  menudo a través de gestos, expresiones faciales o forma
  de hablar para parecer encantador o adorable. En el K-
  pop, los idols suelen hacer *aegyo* como *fanservice* en
  programas de variedades o actividades promocionales.
- **Gestos comunes:** Inflar las mejillas, guiñar un ojo, hacer
  corazones con los dedos o hablar con un tono de voz
  agudo.
- **Popularidad:** Mientras que muchos idols son
  naturalmente buenos en *aegyo*, otros luchan con ello de

manera divertida, creando momentos entretenidos para los fans.

- **Aegyo King/Queen:** Algunos idols son apodados "Aegyo King" o "Aegyo Queen" por su ternura destacada.

Age Line [Línea de edad] (나이 라인 | na-i la-in)

- Término utilizado para agrupar a idols dentro de un grupo de K-pop, la industria o el fandom según su año de nacimiento o edad. Se usa comúnmente para referirse a rasgos compartidos, dinámicas o amistades entre idols de edades similares.
- **Tipos de líneas:** Las líneas pueden formarse dentro de un mismo grupo (por ejemplo, la *Maknae Line*) o entre distintos grupos (por ejemplo, la *'99 Line*).
- **Ejemplo:** La *'95 Line* incluye a idols como Taeyong (NCT), Jimin (BTS) y Joshua (SEVENTEEN), todos nacidos en 1995.
- **Importancia en el K-pop:** Las *age lines* ayudan a definir la jerarquía social y las interacciones en la cultura coreana, especialmente en el uso de honoríficos y patrones de habla.

All-Rounder [Multifacético/a] (올라운더 | ol-la-un-deo)

- Un idol competente o hábil en diversas áreas, como el canto, el baile, el rap, la actuación o la conducción. Los *all-rounders* no necesariamente son los mejores en cada categoría, pero son versátiles y confiables en cualquier situación.
- **Ejemplo:** Jungkook (BTS) es considerado un *all-rounder* por sus destacadas habilidades en canto, baile e imagen, lo que lo hace altamente versátil.
- **Nota:** Un *all-rounder* es un talento polifacético capaz de adaptarse a cualquier situación, asumiendo múltiples roles dentro del grupo según sea necesario.
- **Término relacionado:** *Ace.*

Anti-Fan (안티팬 | an-ti-paen)

- Persona que activamente odia o critica a un idol o grupo en particular, a menudo en línea.
- **Nota:** Los *anti-fans* suelen difundir rumores falsos o atacar a los idols en redes sociales.
- Las empresas y los fandoms toman medidas estrictas para proteger a los idols de la actividad de los *anti-fans*.

Ba Ra Gi (바라기 | ba-ra-gi)

- Sustantivo coreano que significa "mirar con amor" o "fijar la mirada solo en alguien". En el contexto del K-pop, expresa lealtad y devoción profunda, y los fans lo usan para describir su enfoque inquebrantable en su *bias* o idol.
- **Ejemplo:** Los ARMYs se llaman a sí mismos BTS 바라기, lo que significa que están totalmente dedicados a apoyar a BTS.
- **Uso entre idols:** Algunos idols utilizan "바라기" para describir cariñosamente a sus fans, resaltando el amor y la atención mutua entre ellos y su fandom.
- **Origen:** El término proviene del verbo coreano 바라보다 (*ba-ra-bo-da*), que significa "mirar" o "admirar".

Banjiak Gasu (반짝 가수 | ban-jjak ga-su)

- Significa "one-hit wonder" [artista de un solo éxito], refiriéndose a un cantante o artista que alcanza una fama repentina y efímera con un solo éxito popular, pero no logra mantener el éxito a largo plazo en la industria musical.
- **Ejemplo:** Crayon Pop, un grupo femenino que debutó en 2012, es considerado un *one-hit wonder* por su único gran éxito en 2013, *Bar Bar Bar*.
- **El término combina** 반짝 (*banjjak*, "brillante" o "centelleante") con 가수 (*gasu*, "cantante"), implicando algo brillante pero de corta duración.

Bigongsik (비공식 | bi-gong-sik)

- Significa "no oficial", refiriéndose a contenido no verificado o creado por fans, como ediciones de videos, rumores o reuniones de fans no oficiales.
- **Ejemplo de uso:** *Los detalles del concierto que circulaban en línea fueron confirmados como rumores bigongsik.**
- Ver también: *Gongsik.*

Bias (최애 | choe-ae o 바이어스 | ba-i-eo-seu)

- El miembro favorito de un fan dentro de un grupo de K-pop.
- **Ejemplo de uso:** *Mi bias en TWICE es Jihyo por su carisma y su potente voz.*
- "Bias" es un término en inglés que se originó en los fandoms internacionales de K-pop y ha sido ampliamente adoptado en la cultura global de los fans. Probablemente, los fans de K-pop lo adaptaron de su significado general de preferencia por algo sobre otra cosa. En lugar de implicar un prejuicio injusto, el término adquirió un nuevo sentido para expresar admiración y apoyo hacia un idol específico.
- **Nota:** Los fans coreanos suelen usar *"최애"* (*choe-ae*) para el mismo concepto, pero comprenden el término *"bias"* cuando interactúan en espacios internacionales o con fans del extranjero.

Bias Wrecker [Bias rompedor/a] (차애 | cha-ae or 바이어스 레커 | ba-i-eo-seu re-keo)

- Un miembro que tienta a un fan a cambiar su lealtad de su *bias*; el segundo favorito.
- **Ejemplo de uso:** *Jin era mi bias en BTS, pero el carisma de V en el escenario hizo que se convirtiera en mi bias wrecker.*
- "Bias wrecker" es un término ampliamente usado en los

fandoms internacionales y es entendido en contextos globales.

- Los fans coreanos usan más comúnmente " 차애" (cha-ae),* abreviatura de 차선 애정 (cha-seon ae-jeong), que significa "segundo favorito" o "siguiente afecto". Es una forma sencilla de referirse al miembro que sigue a su 최애 (choe-ae). También utilizan frases más largas como "el miembro que amenaza tu 최애" o "el miembro que te hace reconsiderar tu 최애".

Birthday Support [Apoyo de Cumpleaños] (생일 서포트 | saeng-il seo-po-teu)

- Proyecto organizado por fans para celebrar el cumpleaños de un idol, que suele incluir anuncios, regalos o donaciones benéficas en su nombre.

C-Group (C그룹 | si-geu-rup)

- Grupo o subunidad dirigida al mercado chino o compuesto por miembros chinos; también llamado la "C-Line".
- **Ejemplo:** *Lay de EXO y los miembros de WayV.*
- Popularizado en reality shows como *Produce 48* y *Girls Planet 999*, donde los participantes fueron agrupados por país (*K-Group, J-Group* y *C-Group*).

Center [Centro] (센터 | sen-teo)

- Miembro de un grupo de K-pop que ocupa la posición más destacada.
- **Rol:** Elegido por su carisma, apariencia y capacidad para cautivar al público, el *Center* suele situarse en el centro durante momentos clave de la coreografía, videos musicales y sesiones de fotos para atraer la atención.
- **Centers rotativos:** Mientras que algunos grupos tienen un *Center* fijo, muchos rotan la posición según el concepto de

cada canción, permitiendo que todos los miembros tengan su momento para brillar.

Cheolsae Fan (철새 팬 | cheol-sae paen)

- Término que significa "fan pájaro migratorio", usado para referirse a los fans que cambian frecuentemente de *bias* o lealtad de un idol o grupo a otro.
- **Ejemplo de uso:** *El grupo atrajo a muchos fans cuando debutó, pero muchos resultaron ser Cheolsae Fans, así que se fueron tan pronto como debutó un grupo más nuevo.*
- **Origen:** El término proviene de la palabra coreana 철새 (*cheol-sae*), que significa "pájaro migratorio", reflejando la tendencia de estos fans a moverse de un grupo a otro.
- **Uso:** Se emplea frecuentemente en discusiones dentro de los fandoms, especialmente en debates sobre lealtad o tendencias en la industria del K-pop.

Cup Sleeve Event [Evento de portavasos] (컵홀더 이벤트 | keop-hol-deo i-ben-teu)

- Evento en cafetería organizado por fans, donde se reparten portavasos temáticos y se decoran los espacios para celebrar el cumpleaños de un idol, su aniversario de debut o un *comeback*.
- **Ejemplo de uso:** *Fui a un cup sleeve event por el cumpleaños de Cha Eun-woo y conseguí una fotocard especial.*

Un portavasos

Dance Line [Línea de baile] (댄스 라인 | daen-seu la-in)

- Miembros del grupo reconocidos por su habilidad excepcional para bailar.
- **Ejemplo:** Lee Know, Hyunjin y Felix forman la dance line de Stray Kids, apodada *"Danceracha."*

Dol (돌 | dol)

- Término abreviado y coloquial derivado de la palabra coreana "아이돌" (*a-i-dol*), que significa "idol". Se usa de manera informal para referirse a los idols de K-pop en general.
- A menudo se combina con otros términos, como *Namdol* (남돌 | *nam-dol*) para idols masculinos o *Yeodol* (여돌 | *yeo-dol*) para idols femeninas.

Donation Project [Proyecto de donación] (기부 프로젝트 | gi-bu peu-ro-jek-teu)

- Proyecto organizado por fans para realizar donaciones en honor al cumpleaños, aniversario o logro de un idol.
- **Ejemplo:** Cada año, los EXO-L organizan un proyecto de donación en honor al aniversario de debut de EXO, recaudando millones de dólares para causas benéficas.
- **Nota:** *"Gibu"* no es una transliteración de la palabra inglesa *"give"*, sino un término de origen sino-coreano (寄付) que significa "donación" en coreano, chino y japonés.

Dormitory [dormitorio] (기숙사 | gi-suk-sa)

- Alojamiento compartido proporcionado por las compañías de entretenimiento para los aprendices e idols de K-pop, diseñado para facilitar la gestión de sus exigentes horarios y fomentar un ambiente de trabajo en equipo.
- **Nota:** Los dormitorios son una parte fundamental en la vida de los idols durante su entrenamiento y promociones, ya que les ofrecen comodidad y un espacio para fortalecer la convivencia en grupo.
  - *Comodidades:* Los dormitorios suelen contar con cocinas compartidas, salas de estar y, en algunos casos, espacios de entrenamiento para apoyar el estilo de vida exigente de los idols.

> ○ *Evolución:* Han pasado de ser espacios modestos a alojamientos lujosos para los grupos más destacados.

Eumchi (음치 | eum-chi)

- Término coreano que significa "desafinado", utilizado para describir a alguien que tiene dificultad para cantar afinado.
- **Ejemplo de uso:** *El idol bromeó sobre ser un 음치 durante el karaoke, pero los fans encontraron su intento adorable.*
- El término suele usarse en contextos ligeros, como en programas de variedades, cuando los idols destacan de manera humorística su falta de habilidad para cantar bien. Puede emplearse como humor autodespectivo o para bromear entre miembros, señalando de forma juguetona la falta de habilidades vocales de alguien.

Eungwon (응원 | eung-won)

- En un sentido más amplio, la palabra significa "ánimo" o "apoyo", ya sea alentando a alguien en una competencia o brindando respaldo moral en momentos difíciles.
- En el K-pop, 응원 (*eungwon*) se refiere específicamente a los *fan chants*, que son cánticos coordinados por los fans durante partes específicas de una canción para demostrar su apoyo a los idols. Estos cánticos suelen incluir fragmentos clave de la letra, el nombre del grupo y los nombres de los miembros, creando una demostración poderosa y unificada del entusiasmo del fandom.
- **Ver también:** *Fan Chant Guide.*

Fan Art (팬아트 | paen-a-teu)

- Obras artísticas como dibujos, pinturas o arte digital creadas por fans para celebrar a sus idols favoritos.

Fan Cafe (팬카페 | paen-ka-pe)

- Comunidad en línea, oficial o no oficial, donde los fans se reúnen para compartir noticias, fotos y mensajes sobre sus idols.
- Los *fan cafés* oficiales son administrados por las compañías de entretenimiento y, a menudo, requieren que los fans suban de rango mediante actividad y contribuciones.

Fan Chant Guide [Guía de cánticos de fans] (응원법 | eung-won-beop)

- En el contexto del K-pop, el término se refiere a un conjunto de instrucciones o un guion predefinido que los fans usan para animar a sus idols favoritos durante las presentaciones. Suele incluir el tiempo exacto, frases específicas y nombres a corear, permitiendo que los fans creen un espectáculo coordinado de apoyo.
- **Nota:** El 응원법 (*eungwonbeop*) suele ser creado y publicado por la compañía del grupo antes de los *comebacks* para que los fans lo aprendan. Aunque las empresas lanzan 응원법 oficiales, los fans a veces desarrollan cánticos no oficiales para canciones que no tienen uno.

Fan Fiction (팬픽션 | paen-pik-syeon)

- Historias escritas por fans protagonizadas por sus idols o grupos favoritos, imaginando escenarios alternativos, relaciones o universos distintos. Son una parte esencial de la cultura fandom del K-pop.
- **Ejemplo:** *Escribió un fan fiction sobre su idol favorito como un héroe que viaja en el tiempo.*
- Publicadas en plataformas como Wattpad o AO3, las *fan fictions* pueden ir desde relatos cortos (*one-shots*) hasta novelas extensas. Los temas más comunes incluyen romance, fantasía y universos alternativos.

Fan Meeting (팬미팅 | paen-mi-ting)

- Evento especial donde los idols interactúan con sus fans a través de presentaciones, juegos y sesiones de preguntas y respuestas (*Q&A*).
- **Nota:** Los *fan meetings* pueden variar enormemente en escala y entorno, desde reuniones pequeñas e íntimas en salas o cafeterías hasta eventos masivos en estadios o arenas. Los encuentros más pequeños fomentan interacciones personales, mientras que los más grandes, a menudo realizados a nivel internacional, están dirigidos a los fandoms globales.
- **Ejemplos:** El "*BTS 5th Muster [Magic Shop]*" en 2019 reunió a decenas de miles de fans en ciudades como Seúl y Busan. En 2024, los fan meetings "*SKZ Toy World*" de Stray Kids en Japón atrajeron a 160,000 asistentes en cuatro días. Estos eventos a gran escala incluyeron escenarios elaborados, presentaciones exclusivas e interacciones especiales con los fans.

Fan Project (팬 프로젝트 | paen peu-ro-jek-teu)

- Actividades coordinadas por los fans, como la creación de pancartas, videos, donaciones o sorpresas para los idols.

Fan Sign Event [Evento de firmas] (팬사인회 | paen-sa-in-hoe)

- Un *fan meeting* donde los idols de K-pop firman álbumes, pósters u otros artículos para los fans, ofreciendo una oportunidad de interacción personal. En el lenguaje informal, suele abreviarse como *사인회* (*sa-in-hoe*).
- **Cómo funciona:** Los fans suelen comprar álbumes para ingresar a un sorteo y tener la oportunidad de asistir a un evento de firmas. Los ganadores son seleccionados aleatoriamente, lo que hace que la participación sea altamente competitiva.
- **Formato:** Los fans se encuentran con los idols de manera individual, presentan los artículos para firmar y tienen breves conversaciones durante el proceso de firma.

- **Alcance global:** Aunque tradicionalmente se realizan en Corea del Sur, ocasionalmente se organizan eventos de firmas a nivel internacional durante giras mundiales.

Fan War [Guerra de fans] (팬덤 전쟁 | paen-deom jeon-jaeng)

- Conflictos entre fandoms, en línea o en persona, generalmente por premios, posiciones en listas musicales o comparaciones entre grupos. El término 팬싸움 (*paen-ssa-um*, "fan fight") suele usarse con más frecuencia.
- **Nota:** Las *fan wars* a veces pueden intensificarse, pero los fandoms más maduros suelen fomentar una competencia saludable en su lugar.

Fandom (팬덤 | paen-deom)

- Comunidad de fans que apoyan apasionadamente a un idol, grupo o artista.
- Cada fandom de K-pop suele tener un nombre especial que refleja el concepto del grupo, su relación con los fans o un significado simbólico compartido. Los nombres de fandoms suelen ser creados por la compañía de entretenimiento en colaboración con los artistas.
- **Ejemplos:** *Los fans de BTS son llamados "ARMY", representando lealtad y unidad, mientras que los fans de TWICE son conocidos como "ONCE", simbolizando la idea de que si amas al grupo una vez, ellas te amarán el doble.*
- **Fandom vs. Fan Club:**
  - *Fandom:* Se refiere a toda la comunidad global de fans que apoya a un grupo o artista. Es un grupo informal y autoorganizado, unido por su entusiasmo compartido.
  - *Fan Club:* Una organización más formal, generalmente gestionada por la compañía de entretenimiento. La membresía en *fan clubs* oficiales puede implicar tarifas de registro y ofrecer beneficios como preventa de boletos, contenido exclusivo y acceso a *fan meetings*.
- Ver el apéndice para una lista de nombres de fandoms.

Fanservice (팬서비스 | *paen-seo-bi-seu*)

- Término utilizado en el K-pop para describir acciones de los idols destinadas a complacer o interactuar con los fans, como interacciones juguetonas, gestos cariñosos o presentaciones especiales. En el contexto del K-pop y los fandoms, el término suele usarse como una sola palabra (*fanservice*) en lugar de dos separadas (*fan service*).
- **Formas comunes:**
  - Interacción directa con los fans (por ejemplo, contacto visual, saludos o gestos personalizados).
  - Comportamiento juguetón con otros miembros (como bromas o interacciones humorísticas).
  - Realización de acciones solicitadas por los fans (como *aegyo* o poses específicas).

Fifth Generation [Quinta Generación] (5세대 | o-se-dae)

- Idols y grupos que debutaron en 2023 y posteriormente.
- Véase *Generation*.

First Generation [Primera Generación] (1세대 | il-se-dae)

- Idols y grupos que debutaron entre 1997-2002.
- Véase *Generation*.

Fourth Generation [Cuarta Generación] (4세대 | sa-se-dae)

- Idols y grupos que debutaron entre 2018-2022.
- Véase *Generation*.

"Gangnam Style" (강남스타일 | gang-nam seu-ta-il)

- Éxito global del artista surcoreano PSY, lanzado en 2012. Se convirtió en un fenómeno viral gracias a su pegajosa melodía, su video musical humorístico y su icónica coreografía del "baile del caballo".

- *Distrito de Gangnam:* El título hace referencia a Gangnam, una zona acomodada de Seúl que simboliza riqueza, sofisticación y un estilo de vida lujoso. La canción satiriza de manera humorística la cultura ostentosa y materialista asociada con Gangnam.
- *Fenómeno global:* El video musical fue el primero en YouTube en superar los 1,000 millones de vistas, rompiendo récords e impulsando el K-pop a una audiencia global más amplia.

Generation [Generación] (세대 | se-dae)

- Término utilizado para clasificar a los artistas de K-pop según su año de debut y estilo.
- **Contexto y origen:** El concepto de generaciones en el K-pop fue creado por fans y analistas de la industria para analizar la evolución del género. Sirve como un marco de referencia para entender los cambios en la música, los estilos de presentación y la influencia global del K-pop a lo largo del tiempo.
- **Flexibilidad:** Las generaciones no están oficialmente definidas ni tienen un consenso universal. Sus límites son fluidos y a menudo debatidos entre fans y expertos, por lo que se considera más una herramienta de análisis que una clasificación estricta. A pesar de esto, sigue siendo una forma popular de organizar debates sobre la historia y las tendencias del K-pop.
- **División generacional generalmente aceptada en el K-pop:**
  - *Primera generación* (1세대 | il-se-dae): 1997-2002; pioneros de la cultura idol.
  - *Segunda generación* (2세대 | i-se-dae): 2003-2011; el K-pop se expande a nivel regional.
  - *Tercera generación* (3세대 | sam-se-dae): 2012-2017; el K-pop se globaliza impulsado por la Ola Coreana.
  - *Cuarta generación* (4세대 | sa-se-dae): 2018-2022;

caracterizada por la participación global de los fans y el dominio digital.

- ○ *Quinta generación* (5세대 | *o-se-dae*): 2023-presente; definida por la integración de la IA, el metaverso y nuevas experiencias para los fans.
- Ver el apéndice para una tabla de idols y grupos organizados por generación y agencia.

Global Ambassador [Embajador global] (글로벌 앰배서더 | geul-ro-beol aem-bae-seo-deo)

- Idol elegido como el rostro de marcas de lujo u organizaciones a nivel global.
- **Ejemplo:** *Jennie (BLACKPINK) es la embajadora global de Chanel, representando la marca en eventos de moda internacionales.*
- **Nota:** Entre los diferentes tipos de embajadores de marca, el rol de embajador global es el más prestigioso y raro para los idols de K-pop.

Gongka (공카 | gong-ka)

- Abreviatura de "café de fans oficial" (공식 팬카페 | *gong-sik paen-ka-pe*), una plataforma gestionada por la agencia de un grupo de K-pop donde los idols y los fans interactúan a través de publicaciones, mensajes y actualizaciones.
- **Propósito:** El *gongka* sirve como un espacio centralizado para anuncios oficiales, mensajes de fans, fotos exclusivas y contenido adaptado para el fandom del grupo.
- **Membresía:** Los fans pueden necesitar registrarse y, en algunos casos, comprar una membresía para acceder a todas las funciones, como contenido exclusivo o eventos para fans. Los niveles de membresía a menudo otorgan beneficios como ventas prioritarias de boletos para conciertos o acceso a encuentros limitados con los idols.

- **Importancia:** Antes de que las redes sociales se hicieran populares, el *gongka* era la principal forma en que los fans se conectaban con los idols y las agencias. Muchos grupos aún mantienen cafés de fans activos junto a sus cuentas de redes sociales.
- **Plataformas comunes:** La mayoría de los *gongka* oficiales se alojan en plataformas como Daum o sitios específicos de las compañías.
- **Término relacionado:** Un "fan club" es el grupo o comunidad de fans que podría usar un *gongka*, pero va más allá de esto, incluyendo tanto actividades oficiales como apoyo casual.

Gongsik (공식 | gong-sik)

- Término que significa "oficial", utilizado a menudo en el contexto de anuncios, eventos o contenido verificado y publicado por la agencia o gestión de un idol.
- **Ejemplo de uso:** *La agencia publicó un anuncio gongsik confirmando el calendario de regreso del grupo.*
- **Uso:** Comúnmente se adjunta a términos como *gongsik fan cafe* (공식 팬카페 | *café de fans oficial*) o *gongsik announcement* (공식 발표 | *anuncio oficial*). Esto asegura que los fans puedan diferenciar entre el contenido aprobado por la agencia y los rumores o materiales no oficiales.
- **Ver también:** *Bigongsik.*

Goods [Productos] (굿즈 | gut-jeu)

- Término utilizado para describir productos relacionados con un grupo o idol de K-pop, que incluyen tanto artículos oficiales como no oficiales. Los *goods* suelen incluir álbumes, photocards, ropa, accesorios, pósters y más, sirviendo como objetos coleccionables para los fans.
- **Tipos de goods:**

- *Official Goods:* Producidos y vendidos por la agencia del idol, a menudo a través de conciertos, tiendas en línea o cafés de fans oficiales. Ejemplo: *lightsticks*, álbumes y camisetas de conciertos.
- *Unofficial Goods:* Merchandising hecho por fans o de terceros que no está autorizado por la agencia, como impresiones de *fan art* o accesorios personalizados.
- *Special Editions:* Los *goods* de edición limitada son muy codiciados y pueden convertirse en coleccionables raros, generalmente vendidos durante promociones de *comeback* o eventos de aniversario.

GOT (갓 | gat)

- "El único y el mejor." En el mundo del K-pop, GOT es un juego de palabras con múltiples significados dependiendo del contexto:

  1. **Referencia a "God":** Una pronunciación coloquial de la palabra en inglés "God" en coreano, utilizada para alabar a un idol, grupo o algo considerado excepcional o divino.
     - **Ejemplo de uso:** *"¡Su presentación fue absolutamente de nivel GOT—realmente en otro nivel!"*
     - Los fans de GOT7 a menudo enfatizan este juego de palabras, destacando la grandeza del grupo al referirse a ellos como "GOT".
  2. **Acrónimo de proyectos:**
     - Abreviatura de *"Global Official Team"*, usado en proyectos de colaboración oficiales, como *GOT the Beat* bajo SM Entertainment. Estos proyectos suelen reunir a artistas de alto nivel para actuaciones únicas.
     - **Ejemplo de uso:** *"GOT the Beat mostró una alineación de estrellas, cumpliendo con el estándar de excelencia del 'GOT'."*

Gwiyomi (귀요미 | gwi-yo-mi)

- Significa "persona linda" o "tierna". En el contexto del K-pop, se refiere a idols o fans que muestran comportamientos, gestos o expresiones adorables para encantar a otros, es decir, *aegyo*. También está estrechamente relacionado con la canción viral "Gwiyomi Song" y sus gestos acompañantes.
- **Origen:** El término proviene de la palabra "귀엽다" (*gwiyeopda*), que significa "lindo" o "adorable", con el sufijo "-요미" (*-yomi*) añadido para darle un toque extra de ternura.
- *La Gwiyomi Song*: Una canción viral y una rutina de gestos creada por la cantante Hari en 2013. Se convirtió en una tendencia popular de *aegyo*, con idols y fans realizándola en programas de variedades y en redes sociales.

Hi-Touch Event (하이터치 이벤트 | ha-i-teo-chi i-ben-teu)

- Evento para fans donde los asistentes interactúan brevemente con los idols al tocarse las manos (un "high-five") como un gesto personal y memorable.
- **Ejemplo de uso:** *"Los titulares de boletos VIP pudieron participar en un evento de hi-touch con el grupo."*

Hard Carry (하드캐리 | ha-deu kae-ri)

- Término originalmente proveniente de los videojuegos, que significa llevar a un equipo a la victoria mediante el esfuerzo individual. En el K-pop, se refiere a un miembro cuya actuación sobresaliente mejora significativamente el escenario o la actividad del grupo.
- **Ejemplo de uso:** *"Hoshi llevó a otro nivel la presentación de SEVENTEEN con su energía dinámica y su carisma."*
- **Nota:** El término se utiliza para elogiar a los idols que se destacan en presentaciones grupales, programas de variedades o apariciones públicas.

Hiatus [Hiato] (공백기 | gong-baek-gi)

- Período durante el cual un idol o grupo pausa temporalmente sus actividades.
- **Nota:** Los *hiatos* pueden ocurrir por diversas razones, como problemas de salud, servicio militar obligatorio o la necesidad de un descanso creativo. Las compañías a veces ponen a los idols en *hiato* para abordar asuntos de relaciones públicas, como controversias o disputas, y para prepararse para sus próximos pasos.

Hubae (후배 | hu-bae)

- Término que significa "junior", utilizado para referirse a alguien con menos experiencia o más nuevo en un campo u organización, como en la industria del entretenimiento. En el K-pop, se usa para describir a idols o grupos más jóvenes en comparación con los más establecidos.
- **Contexto cultural:** La relación entre *seonbae* y *hubae* está profundamente enraizada en la cultura coreana, destacando el respeto, la orientación y la jerarquía. En general, los *hubaes* deben mostrar respeto hacia sus *seonbaes* a través de un lenguaje formal y gestos, mientras que los *seonbaes* están alentados a actuar como mentores y apoyar a sus *hubaes*.
- **Uso en K-pop:** El término se usa comúnmente durante interacciones entre grupos de idols, especialmente en programas de variedades o entrevistas.
- **Ejemplo:** *Cuando un grupo debutante hace su entrada, generalmente se le presenta como los hubaes de los grupos más antiguos de su compañía* (por ejemplo, *aespa* es un grupo *hubae* de *Girls' Generation* bajo SM Ent., y *TXT* es un grupo *hubae* de *BTS* bajo HYBE).

Hyung (형 | hyeong)

- Término que significa "hermano mayor", utilizado por los hombres más jóvenes para dirigirse a idols o amigos masculinos mayores.
- **Ejemplo:** *Maknaes como Jungkook se refieren a los miembros mayores del grupo como "hyung".*
- **Términos relacionados:** *Noona, Oppa, Unnie.* (Ver ilustración bajo *Unnie* en este capítulo.)

Hyung Line (형 라인 | hyeong la-in)

- El grupo de miembros mayores (*hyungs*) dentro de un grupo de K-pop.
- **Ejemplo:** *En BTS, Jin, Suga, J-Hope y RM conforman la *hyung line.*
- Véase *Hyung, Maknae Line* y *Unnie Line.*

Idol (아이돌 | a-i-dol)

- Término utilizado en el K-pop para describir a un artista entrenado y promovido por una compañía de gestión, a menudo como parte de un grupo, con habilidades en canto, baile y desempeño.
- **Evolución:** Prestado del inglés, "idol" se originó en el concepto japonés *aidoru* (アイドル) de los años 60-70, que se refería a jóvenes estrellas pop con imágenes cuidadosamente creadas. Las agencias de K-pop adoptaron este modelo en los años 90, redefiniendo "idol" como un artista altamente entrenado y con múltiples talentos, en lugar de solo un cantante. Aunque el término originalmente tenía raíces religiosas, su significado en el K-pop está completamente enfocado en el entretenimiento, aunque la cultura fandom puede sentirse igualmente devota.
- **Nota:** Más allá de su desempeño, los idols también son figuras públicas que representan a sus grupos y compañías. Se ven a sí mismos como empleados de las compañías de entretenimiento, trabajando junto al

personal—incluidos gerentes, estilistas, maquilladores y equipos de producción—bajo el presidente de la compañía (사장, *sa-jang*).

J-Group (제이그룹 | je-i-geu-rup)

- Término en K-pop que se refiere a participantes o miembros de Japón o de nacionalidad japonesa, utilizado frecuentemente en programas de supervivencia y grupos de idols multinacionales.
- **Ejemplos:** *Miembros japoneses dentro de grupos multinacionales de K-pop, como Mina, Sana y Momo de TWICE, o grupos formados completamente por miembros japoneses, como NiziU, que a veces se refieren informalmente como *J-groups*, aunque no es una designación oficial y se usa más de manera casual entre los fans.
- Popularizado en programas como *Produce 48* y *Girls Planet 999*, donde los concursantes fueron divididos en grupos regionales: *K-Group* (Corea), *J-Group* (Japón) y *C-Group* (China).

K-Group (케이그룹 | ke-i-geu-rup)

- Término en K-pop que se refiere a participantes o miembros de Corea del Sur, utilizado frecuentemente en programas de supervivencia y grupos de idols multinacionales para distinguir a los coreanos nativos en un contexto multinacional.
- Usado en programas como *Produce 101* y *Girls Planet 999* para representar a los concursantes de Corea del Sur, junto con *J-Group* (Japón) y *C-Group* (China).

Kkot Minam (꽃미남 | kkot-mi-nam)

- Término que significa "chico flor", refiriéndose a un idol o celebridad masculina con rasgos delicados, juveniles y atractivos, a menudo asociados con una actitud suave o encantadora.

- **Origen:** 꽃 (*Kkot*) significa "flor", simbolizando belleza y elegancia. 미남 (*Minam*) significa "hombre guapo".
- **Características:** Piel suave, rasgos simétricos y una figura delgada. A menudo se les retrata como sensibles, románticos o artísticos, especialmente en dramas y conceptos de idols.
- **Impacto cultural:** Se popularizó durante el auge del K-pop y los K-dramas, particularmente a principios de los 2000 con figuras como los miembros de TVXQ o personajes en dramas como *Boys Over Flowers* (*꽃보다 남자* | *Kkotboda Namja*). Los idols *Kkotminam* ayudaron a redefinir la masculinidad en Corea del Sur, promoviendo una estética más suave y pulida en comparación con los ideales tradicionales.

Lead Dancer (리드 댄서 | ri-deu daen-seo)

- Miembro que apoya al *Main Dancer* y desempeña un papel destacado en la coreografía cuando es necesario.
- Ejemplos: Nayeon y Tzuyu son las *Lead Dancers* de TWICE.
- **Véase también**: *Main Dancer.*

Lead Rapper (리드 래퍼 | ri-deu rae-peo)

- Miembro que apoya al *Main Rapper* y contribuye con secciones de rap destacadas en las canciones.
- **Ejemplo**: Mark es el *Lead Rapper* de GOT7.
- **Véase también**: *Main Rapper.*

Lead Vocalist (리드 보컬 | ri-deu bo-keol)

- Miembro que apoya al *Main Vocalist* al cantar partes prominentes de una canción y proporcionar armonías.
- **Ejemplo**: Rosa es la *Lead Vocalist* de BABYMONSTER.

- **Véase también**: *Main Vocalist.*

Leader [Líder] (리더 ⏐ ri-deo)

- Miembro elegido para liderar un grupo de K-pop, a menudo actuando como portavoz y mentor del equipo.
- **Ejemplo**: RM, el *Leader* de BTS, gestiona el grupo durante entrevistas y discursos, ayudado por su fluidez en inglés y sus habilidades de liderazgo.
- **Nota**: Los *Leaders* suelen ser los miembros de mayor edad o con más experiencia, pero no siempre es el caso.

Lightstick [Bastón de luz] (응원봉 ⏐ eung-won-bong)

- Un bastón LED diseñado especialmente para que los fans lo usen en conciertos y eventos como muestra de apoyo a su grupo.
- **Ejemplos**: El *ARMY Bomb* de BTS, el *Hammer Bong* de BLACKPINK y el *Candy Bong* de TWICE son ejemplos icónicos de *lightsticks*.
- **Nota**: Muchos *lightsticks* cuentan con sincronización Bluetooth para efectos coordinados durante los conciertos.

Line [Línea] (라인 ⏐ la-in)

- Un subgrupo dentro de un grupo (o en la industria) basado en rasgos compartidos, como la edad, los roles o el año de nacimiento.
- **Véase también**: *Age Line, Hyung Line, Maknae Line, Rap Line, Unnie Line* y *Vocal Line.*

Main Dancer (메인 댄서 ⏐ me-in daen-seo)

- El miembro reconocido como el bailarín más hábil del grupo, a menudo encargado de realizar solos o las coreografías más difíciles.
- Algunos grupos tienen más de uno.
- **Ejemplo**: Wooyoung es el *Main Dancer* y también uno de los *Lead Vocalists* de 2PM.
- **Nota**: Los *Main Dancers* suelen liderar las prácticas de baile e influir en la calidad general del desempeño del grupo.
- **Véase también**: *Lead Dancer*.

Main Rapper (메인 래퍼 | me-in rae-peo)

- El miembro considerado el rapero más hábil del grupo, generalmente encargado de las partes más destacadas y desafiantes del rap en una canción.
- Algunos grupos tienen más de uno.
- **Ejemplo**: Ryujin es el *Main Rapper* y también una de las *Lead Dancers* de ITZY.
- **Véase también**: *Lead Rapper*.

Main Vocalist (메인 보컬 | me-in bo-keol)

- El miembro con la mayor habilidad vocal, responsable de interpretar las partes más difíciles de una canción.
- Algunos grupos tienen más de uno.
- **Ejemplo**: Tanto Onew como Jonghyun son *Main Vocalists* de SHINee.
- **Véase también**: *Lead Vocalist*.

Maknae (막내 | mang-nae)

- El miembro más joven de un grupo de K-pop.
- Pronunciado "mack-né" en el fandom internacional, pero correctamente pronunciado "mang-nae" en coreano debido a lo que se llama *asimilación de consonantes*.

- **Ejemplo:** *Jungkook es el maknae de BTS, a menudo llamado el 'Golden Maknae' debido a su talento multifacético.*
- El maknae suele recibir una atención especial por su encanto juvenil y personalidad juguetona. *"Maknae on top"* se refiere a un maknae que toma el control o destaca a pesar de ser el más joven.

Maknae Line [Línea de maknae] (막내 라인 | mang-nae la-in)

- El grupo de los miembros más jóvenes dentro de un grupo de K-pop.
- **Ejemplo**: La *Maknae Line* de BTS está compuesta por Jimin, V y Jungkook.
- **Términos relacionados**: *Hyung Line* y *Unnie Line*.

Ment (멘트 | men-teu)

- Abreviatura de "comment," hace referencia a los discursos o comentarios que los idols dan durante conciertos, fan meetings o transmisiones.
- **Ejemplo de uso**: "Durante el *ment*, los miembros compartieron historias divertidas del detrás de escena y agradecieron a los fans por su apoyo."

Noona (누나 | nu-na)

- Término que significa "hermana mayor," utilizado por hombres para referirse a mujeres mayores que ellos.
- **Términos relacionados**: *Hyung, Oppa* y *Unnie*. (Véase la ilustración bajo *Unnie* en este capítulo.)

Noona Fan (누나 펜 | nu-na paen)

- Fan que es una mujer mayor y apoya a idols masculinos más jóvenes.
- **Ejemplo**: Kang Daniel, exmiembro de Wanna One, es conocido por tener una de las bases de *noona fans* más

impresionantes, tanto en número como en nivel de dedicación.

Noona Killer (누나 킬러 | nu-na kil-leo)

- Término utilizado para describir a un idol o celebridad masculina más joven que es particularmente popular entre las fans mayores, a menudo debido a su encanto juvenil, buena apariencia o personalidad encantadora.
- **Nota**: Los *noona killers* suelen tener una base de fans dedicada de mujeres mayores que aprecian su combinación de inocencia y confianza en el escenario. El término es ampliamente utilizado por fans y medios para describir a idols con un atractivo que trasciende generaciones.

One Pick [Una elección] (원픽 | won-pik)

- Término utilizado por los fans del K-pop para referirse a su elección principal o miembro favorito dentro de un grupo o competencia, especialmente en programas de supervivencia.
- **Uso en programas de supervivencia**: Se usa comúnmente para identificar al trainee que un fan apoya más, especialmente cuando hay votaciones.
  - *Ejemplo de uso*: "Mi *One Pick* en *Produce 101* era Jeon Somi."
- **Uso ampliado**: También se aplica para referirse al miembro favorito dentro de un grupo ya debutado, de manera similar al término *bias*.

Oppa (오빠 | o-ppa)

- "Hermano mayor," usado por una mujer más joven para dirigirse a un hermano mayor o a un amigo cercano mayor que ella. En ciertos contextos, también puede tener connotaciones afectuosas o románticas.

- En el K-pop, el término ha evolucionado en una jerga utilizada para expresar cariño hacia idols masculinos, sin importar la diferencia de edad.
- **Términos relacionados**: *Hyung, Noona y Unnie*. (Véase la ilustración bajo *Unnie* en este capítulo.)

OT# (오티# | o-ti-#)

- Abreviatura de "One True #" en la cultura de los fandoms, donde el número representa la cantidad de miembros en un grupo. Se usa para enfatizar que se apoya al grupo en su totalidad en lugar de a un solo miembro; también expresa lealtad a la formación completa del grupo.
- **Ejemplo de uso**:
  - "Soy *OT7* para BTS — amo y apoyo a los siete miembros por igual."
  - "El público enloqueció con la versión *OT8* de 'Red Lights' en el concierto de Stray Kids."

Photocard [Fotocarta] (포토카드 | po-to-ka-deu)

- Pequeñas tarjetas coleccionables con la foto de un idol, generalmente incluidas en los álbumes de K-pop o vendidas por separado como mercancía.
- **Nota**: Los fans suelen intercambiar *photocards* para coleccionar a miembros específicos o ediciones limitadas.

Ppodae (뽀대 | ppo-dae)

- Término de jerga que significa "estilo," "actitud" o "presencia." En el contexto del K-pop, se refiere a la capacidad de un idol para irradiar carisma, confianza y una aura elegante y llamativa en el escenario o en apariciones públicas.
- **Ejemplo de uso**: "¡Ese atuendo le dio tanto *ppodae* durante su presentación en vivo!"

Rap Line [Línea de rap] (랩 라인 | raep la-in)

- Miembros de un grupo especializados en rap, encargados de interpretar los versos de rap y aportar energía a las canciones.
- **Ejemplo**: La *Rap Line* de Stray Kids está compuesta por Bang Chan, Changbin y Han.

Sahoeja (사회자| sa-hoe-ja)

- Término que se refiere a un anfitrión o presentador en eventos, transmisiones o programas de variedades.
- **Nota**: En el K-pop, los idols suelen desempeñar estos roles en programas musicales o eventos para fans.

Samchon Fans (삼촌 팬 | sam-chon paen)

- Término que significa "tíos fans," y se refiere a los fans masculinos mayores (generalmente de 30 años o más) que son seguidores devotos de idols femeninas jóvenes o grupos de chicas.

Sasaeng (사생 | sa-saeng)

- Fan obsesivo que invade la privacidad de los idols y se involucra en comportamientos inapropiados.
- **Nota**: Los *sasaengs* son un problema grave en la industria del K-pop; su comportamiento es fuertemente condenado tanto por los fandoms como por el público.

Sedae (세대 | se-dae)

- Véase *Generation*.

Second Generation [Segunda Generación] (2세대 | i-se-dae)

- Idols y grupos que debutaron entre 2003-2011.

- Véase *Generation*.

Selca (셀카 | sel-ka)

- Forma abreviada de "self-camera," que se refiere a una *selfie*. En el K-pop, los idols suelen compartir *selcas* con los fans a través de redes sociales o plataformas para fans.
- Selca Day: Un evento organizado por fans en el que publican *selfies* (*selcas*) con *photocards*, mercancía o atuendos para mostrar apoyo a su *bias*.

Shinin (신인 | shin-in)

- Significa "rookie" o "nuevo en la industria", utilizado para referirse a idols, artistas o grupos que han debutado recientemente en la industria del entretenimiento. Los idols *shin-in* suelen estar en su primer o segundo año de promociones.
- **Ejemplo de uso:** *"El grupo shinin causó una fuerte impresión con su poderosa presentación de debut."*
- **Importancia en el K-pop:** Ser un *shinin* es un período crítico donde los idols establecen su imagen, ganan fans y trabajan para destacarse en una industria competitiva. Las agencias suelen invertir mucho en los conceptos de debut, música y promociones para asegurar que sus grupos *shinin* dejen una huella duradera.
- **Premios:** Muchos premios de K-pop, como los *Melon Music Awards* y los *Golden Disc Awards*, tienen una categoría de *Rookie of the Year* (신인상 | *shin-in-sang*) para reconocer nuevos talentos destacados.

Sign Event [Evento de firmas] (사인회 | sa-in-hoe)

- Véase *Fan Sign Event*.

Sming (스밍 | seu-ming)

- Forma abreviada de "streaming", que se refiere al acto de reproducir repetidamente canciones, videos musicales u otro contenido digital en plataformas de streaming para apoyar a un grupo o idol de K-pop.
- **Propósito:** *Sming* ayuda a mejorar el rendimiento en las listas de plataformas como Melon, Genie, FLO, y plataformas internacionales como Spotify o YouTube. Muestra el apoyo activo de los fans y contribuye a logros como *All-Kill* o *Perfect All-Kill* en las listas.
- **Estrategias:** Los fans a menudo comparten guías sobre "sming eficiente", que incluyen reglas sobre cómo evitar el exceso de repeticiones o el uso de múltiples cuentas para evitar la detección de bots.
- **Controversia:** El *sming* excesivo (a veces denominado "zombie streaming") ha provocado debates sobre las prácticas justas en las listas frente al apoyo artificial impulsado por el fandom.
- **Impacto global:** Con el auge de los fandoms internacionales de K-pop, los esfuerzos de *sming* se han expandido globalmente, ayudando a los idols a lograr visibilidad en plataformas globales como Billboard.
- **Ver también:** *Streaming Party.*

Solo Artist (솔로 아티스트 | sol-lo a-ti-seu-teu)

- Un idol o artista de K-pop que promueve como individuo, en lugar de formar parte de un grupo, ya sea desde su debut o después de establecer su carrera dentro de un grupo.

Stan (스탠 | seu-taen)

- Término utilizado para describir a un fan altamente dedicado y entusiasta de un grupo, idol o artista de K-pop en particular. También se puede usar como verbo, para referirse a apoyar o seguir de cerca a un grupo o idol específico. En otras palabras, se puede decir "Soy un *stan* de tal grupo" o "Stan de tal grupo".

- **Origen:** A menudo se dice que es una combinación de "stalker" (acosador) y "fan", y el término proviene de la canción de 2000 "Stan" de Eminem, que describía a un fan obsesionado en exceso. Con el tiempo, su significado evolucionó para representar un fandom apasionado y devoto, en lugar de una obsesión insana.
- **Uso en K-pop:** Ampliamente adoptado por los fans internacionales de K-pop para expresar su lealtad y apoyo a sus idols favoritos. Por ejemplo, "¿A quién staneas?" es una pregunta común en las discusiones dentro del fandom.
- **Términos relacionados:**
  - *Ult* — abreviatura de "ultimate bias", el idol que alguien stanea más.
  - *Multi-Stan* — alguien que stanea varios grupos o idols.

Streaming Party [Fiesta de streaming] (스밍 파티 I seu-ming pa-ti)

- Un esfuerzo coordinado de los fans para reproducir las canciones, videos musicales o álbumes de un grupo de K-pop en plataformas oficiales para mejorar sus clasificaciones, vistas y visibilidad. Las *streaming parties* suelen organizarse durante los *comebacks*, aniversarios o momentos especiales.
- **Cómo funciona:** Los fans se reúnen en línea (a través de plataformas de redes sociales o salas de chat) para reproducir las mismas canciones o videos simultáneamente, siguiendo pautas específicas de streaming para maximizar su impacto.
- **Plataformas utilizadas:**
  - *Plataformas de música:* Melon, Spotify, Apple Music.
  - *Plataformas de video:* YouTube, VLIVE.

Sub Rapper/Vocalist (서브 래퍼/보컬 I seo-beu rae-peo/bo-keol)

- Miembro que algunos grupos designan como apoyo para los *Main* y *Lead* en su respectiva área de habilidad. Puede haber múltiples *subs* para cualquier rol dentro de un grupo.
- **Ejemplo**: Kai de EXO es el *Main Dancer* y también contribuye como *Sub Vocalist*, con algunas partes de rap como *Sub Rapper*.

Subunit [Subunidad] (서브유닛 | seo-beu-yu-nit)

- Un grupo más pequeño formado dentro de un grupo de K-pop más grande, a menudo centrado en habilidades, géneros o conceptos específicos. A menudo se abrevia simplemente como "unit" (유닛), especialmente entre los fans coreanos.
- **Ejemplo**: *NCT 127*, la subunidad con sede en Seúl de *NCT*, está formada por Taeil, Johnny, Taeyong, Yuta, Doyoung, Jaehyun, Jungwoo, Mark y Haechan.
- **Nota**: Las *subunits* permiten a los idols explorar diferentes estilos musicales y mostrar sus talentos individuales.
- **Término relacionado**: *Line* y *Unit*.

Sunbae (선배 | seon-bae)

- Término que significa "senior" y se usa para referirse a alguien con más experiencia o que ha estado en un campo u organización durante más tiempo que otra persona. En el K-pop, se usa para describir a idols más antiguos o establecidos en comparación con los más nuevos, que son llamados *hubae* (후배 | junior).
- Véase *Hubae* para más detalles.

Support Truck [Camión de apoyo] (서포트 트럭 | seo-po-teu teu-reok)

- Un camión o vehículo de comida enviado a los idols

durante eventos, conciertos o locaciones de filmación como muestra de apoyo y ánimo por parte de los fans.
- **Ejemplo de uso**: "Los fans enviaron un *coffee truck* al set de grabación para animar a su *bias* durante el rodaje."

Syabang (사방 | sya-bang)

- "Bling," "brillante," "reluciente," o "radiante," a menudo usado para describir a alguien o algo con una apariencia atractiva, brillante o deslumbrante. En el contexto del K-pop, se usa para halagar a los idols o visuales que irradian encanto y brillo.
- **Uso en K-pop:** Comúnmente utilizado por los fans y los medios de comunicación para describir a idols con una apariencia resplandeciente y pulida, especialmente durante presentaciones o eventos en la alfombra roja.
- **Uso más amplio:** Fuera del K-pop, *syabang* también puede describir cualquier cosa visualmente atractiva o brillante, como joyas, maquillaje o moda.

Third Generation [Tercera Generación] (3세대 | sam-se-dae)

- Idols y grupos que debutaron entre 2012-2017.
- Véase *Generation*.

Trainee [aprendiz] (연습생 | yeon-seup-saeng)

- Persona en proceso de formación dentro de una empresa de entretenimiento para prepararse para debutar como idol.
- **Ejemplo**: G-Dragon de BIGBANG pasó aproximadamente 5 años bajo SM Entertainment cuando era niño y otros 6 años en YG Entertainment como *trainee*, acumulando un total de alrededor de 11 años antes de debutar.
- **Nota**: Los *trainees* reciben una formación intensiva en canto, baile, idiomas e incluso actuación. Algunos pueden aparecer en programas de supervivencia antes de debutar.

Ultimate Bias [Bias definitivo] (울티밋 바이어스 | ulti-mit ba-i-eoseu or 최애 | choe-ae)

- Término usado por los fans del K-pop para describir a su idol favorito absoluto entre todos los grupos, ocupando un lugar superior a cualquier otro *bias* que puedan tener en diferentes grupos.
- **Bias vs. Ultimate Bias**: Un *bias* es el miembro favorito de un fan dentro de un grupo específico. Un *ultimate bias* es el favorito principal entre todos los idols.
- Aunque los fans coreanos usan 최애 (*choe-ae*) tanto para *bias* como para *ultimate bias*, cuando es necesario hacer una distinción, pueden usar términos adicionales como 그룹 최애 (*geu-rup choe-ae*; bias de grupo) y 전체 최애 (*jeon-che choe-ae*; bias general).

Unit (유닛 | yu-nit)

- Véase *Subunit*.

Unnie (언니 | eon-ni)

- "Término que significa "hermana mayor," usado por mujeres más jóvenes para dirigirse o referirse a una hermana mayor o a una amiga cercana mayor que ellas. Expresa respeto, cariño y familiaridad.
- **Términos relacionados**: *Hyung, Oppa y Noona*.

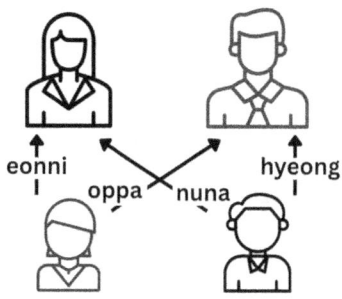

Cómo llamar a los hermanos mayores

Visual (비주얼 | bi-ju-eol)

- El miembro considerado el más atractivo físicamente según los estándares de belleza coreanos.

- **Nota**: Los visuals suelen ser elegidos como modelos, embajadores de marca y estrellas de portadas de revistas.

Visual Line [Línea visual] (비주얼 라인 | bi-ju-eol la-in)

- Miembros de un grupo que son particularmente conocidos por sus visuales excepcionales.
- **Ejemplo**: Jeonghan, Joshua, Mingyu y Vernon forman la *Visual Line* de SEVENTEEN.

Vocal Line [Línea vocal] (보컬 라인 | bo-keol la-in)

- Miembros de un grupo que se enfocan en interpretar las voces principales y secundarias.
- **Ejemplo**: La *Vocal Line* de Red Velvet incluye a Wendy, Seulgi y Joy.

Voting [Votación] (투표 | tu-pyo)

- Acción de los fans votando por su grupo o idol favorito para premios, programas musicales o competencias.
- **Ejemplo de uso**: "CARATs trabajaron arduamente para votar por SEVENTEEN en la categoría de Mejor Actuación en los MAMA Awards."
- **Nota**: Las votaciones pueden realizarse a través de aplicaciones, sitios web o plataformas oficiales y suelen ser organizadas meticulosamente por los fandoms.

Yeonseup (연습 | yeon-seup)

- "Práctica" o "ensayo," utilizado en el contexto del K-pop para describir el riguroso entrenamiento y preparación que los idols llevan a cabo para perfeccionar sus habilidades en canto, baile y performance.
- **Ejemplo de uso**: "El grupo pasó incontables horas en *yeonseup* para asegurarse de que su coreografía estuviera perfectamente sincronizada para su escenario de debut."

- **Uso en el K-pop**: Se refiere tanto a sesiones de práctica individuales como grupales de vocalización, coreografía o presencia escénica. Común en frases como 연습실 (*yeonseup-sil*), que significa "sala de práctica," o 연습생 (*yeonseup-saeng*), que significa "trainee."

CAPÍTULO 2

JERGA DE LA INDUSTRIA
ROLES CLAVE, PRODUCCIÓN MUSICAL Y TIPOS/ELEMENTOS DE INTERPRETACIÓN

A&R (에이앤알 | e-i-en-ar)

- Abreviatura de *"Artists and Repertoire,"* este rol dentro de una empresa de entretenimiento implica la búsqueda de talentos, la selección de canciones y la supervisión del proceso de producción musical.
- **Ejemplo de uso**: "El equipo de A&R de SM Entertainment selecciona cuidadosamente las canciones que se adaptan al concepto de cada grupo."
- **Nota**: Los profesionales de A&R actúan como un puente entre los idols, los compositores y los productores.

Ad-Libs (애드립 | ae-deu-rip)

- Improvisaciones o adornos vocales, como melismas, variaciones o frases agregadas para intensificar el impacto emocional de una canción.
- **Ejemplo de uso**: "Los ad-libs de Jimin durante el último coro de 'Serendipity' mostraron su amplio rango vocal."

All-Kill (AK) [Muerte total] (올킬 | ol-kil)

- Un All-Kill se logra cuando una canción alcanza el puesto #1 simultáneamente en todas las principales listas de música en tiempo real en Corea. Es el primer nivel de reconocimiento para la dominación en los rankings, reflejando una popularidad inmediata tras el lanzamiento de una canción.
- **Listas incluidas**: Melon, Genie, Bugs, VIBE (antes Naver Music), FLO y YouTube Music.
- **Ejemplo de uso**: "'How You Like That' de BLACKPINK logró un All-Kill en pocas horas tras su lanzamiento."
- **Nota**: El estado de All-Kill se basa únicamente en los rankings en tiempo real, a diferencia de logros superiores como el Perfect All-Kill, que requiere dominio en listas diarias, semanales y agregadas.
- **Véase también**: *Perfect All-Kill.*

Anmu (안무 | an-mu)

- Término coreano para "coreografía," que hace referencia a las rutinas de baile sincronizadas realizadas por los idols.
- Es un elemento central del K-pop, a menudo creado por coreógrafos profesionales o por los propios idols. Incluye movimientos icónicos (point choreography) que los fans disfrutan aprender y replicar.

Art Director (아트 디렉터 | a-teu di-rek-teo)

- Profesional encargado de supervisar el diseño visual de un álbum, video musical o concepto escénico.
- **Ejemplo de uso**: "El art director creó escenarios impresionantes para el video musical de 'Butterfly' de LOONA."

B-Side (수록곡 | su-rok-gok)

- Término de la industria musical que se refiere a las canciones incluidas en un álbum además de la canción principal (*title track*), a menudo ganando reconocimiento por su sonido único o profundidad emocional.

- **Ejemplo de uso**: "Es una locura que 'Pretty Savage' sea un *B-side*, considerando que es un gran éxito de BLACKPINK."
- Algunas *B-sides* populares son promocionadas junto con la canción principal.

Bangsong (방송 | bang-song)

- Palabra coreana para "transmisión" o "emisión," utilizada comúnmente en el contexto de programas de televisión o transmisiones en línea dentro de la industria del entretenimiento. En el K-pop, *bangsong* se refiere a presentaciones televisadas o en vivo, programas de variedades, programas musicales o interacciones con los fans.
- **Ejemplo de uso**: "La transmisión en vivo del grupo en *Inkigayo* atrajo a millones de espectadores en todo el mundo."

Behind [Detrás] (비하인드 | bi-ha-in-deu)

- Abreviatura de "behind-the-scenes", que se refiere a videos o fotos que muestran lo que ocurre tras bambalinas durante la producción de videos musicales, conciertos, etc.
- **Ejemplo de uso**: "El clip *behind* de la preparación del concierto de NCT dio a los fans un vistazo a su arduo trabajo."

The Big Three [Las Tres Grandes] (빅 쓰리 | big sseu-ri)

- Término utilizado en la industria del K-pop para referirse a las tres compañías de entretenimiento más grandes e influyentes de Corea del Sur: SM Entertainment, YG Entertainment y JYP Entertainment. Estas empresas son conocidas por producir algunos de los grupos e idols más exitosos y reconocidos a nivel mundial.

- **Contribuciones destacadas**:
  - **SM Entertainment**: Conocida como la pionera del K-pop con grupos como H.O.T., TVXQ, Girls' Generation y EXO.
  - **YG Entertainment**: Famosa por su influencia en el hip-hop y grupos como BIGBANG, 2NE1, BLACKPINK y WINNER.
  - **JYP Entertainment**: Reconocida por formar grupos exitosos como Wonder Girls, 2PM, TWICE y Stray Kids.
- **Importancia cultural**: *The Big Three* dominan en términos de alcance global, reclutamiento de trainees, producción de conciertos e influencia en los medios. Estas compañías son vistas como creadoras de tendencias en música, moda y cultura idol.
- **Evolución**: El dominio de *The Big Three* ha sido desafiado en los últimos años por el ascenso de empresas como HYBE (anteriormente Big Hit Entertainment) con BTS y la influencia de CJ ENM a través de programas como *Produce 101*.
- Véase el Apéndice para una tabla de los principales artistas organizados por empresa de entretenimiento y generación.

Body Rolls [Giros del cuerpo] (바디 롤 | ba-di rol)

- Movimiento de baile en el que el bailarín mueve su cuerpo en un movimiento ondulante o fluido, generalmente comenzando desde el pecho y descendiendo hasta las caderas. En el K-pop, los *body rolls* se utilizan a menudo en la coreografía para agregar sensualidad y fluidez a las presentaciones.

Bonsang (본상 | bon-sang)

- Premio importante otorgado a varios artistas en reconocimiento a su desempeño y éxito general a lo largo del año.
- **Ejemplo de uso**: "SEVENTEEN recibió un *Bonsang* en los *Golden Disc Awards* por su éxito constante."

Bridge [Puente] (브리지 | beu-ri-ji)

- Sección de transición en una canción que contrasta con los versos y coros, a menudo generando tensión antes del coro final.
- **Nota**: Los *bridges* permiten a los vocalistas mostrar profundidad emocional o introducir un cambio en la dinámica de la canción.

Build-Up [Acumulación] (빌드업 | bil-deu-eop)

- Sección, generalmente en el pre-coro, donde la intensidad aumenta gradualmente antes de la caída del ritmo (*beat drop*) o la entrada del coro.
- **Nota**: Los *build-ups* son especialmente comunes en canciones de K-pop con influencias de EDM.

Busking [Actuación callejera] (버스킹 | beo-seu-king)

- Término utilizado para describir actuaciones en la calle donde artistas o idols se presentan en espacios públicos, como parques o plazas, para interactuar con la audiencia en un ambiente informal e íntimo. El *busking* se usa a menudo por grupos novatos o trainees para mostrar su talento y conectar con posibles fans.
- A menudo se realiza en áreas populares con mucho tránsito peatonal, como Hongdae o Myeongdong en Seúl. Grupos como Stray Kids y SEVENTEEN realizaron *busking* durante sus días pre-debut para construir su presencia y mostrar sus habilidades.

Canon (캐논 | kae-non)

- Técnica coreográfica en la que los miembros ejecutan el mismo movimiento uno tras otro, creando un efecto en cadena o de onda.
- Los *canons* se utilizan con frecuencia en la coreografía del K-pop para generar efectos visuales dinámicos y fluidos.

Center [Centro] (센터 | sen-teo)

- Miembro de un grupo de K-pop que ocupa la posición más destacada en la coreografía, videos musicales y material promocional, representando a menudo el concepto e imagen del grupo.
- **Ejemplo de uso**: "Wonyoung fue elegida como el *center* de IZONE por su gran presencia escénica y visuales."
- **Rotacional vs. Fijo**: Algunos grupos rotan el rol de *center* según la canción o concepto, mientras que otros mantienen un *center* fijo a lo largo de su carrera.

Center Distribution [Distribución de centro] (센터 분배 | *sen-teo bun-bae*)

- Término utilizado en videos de análisis de baile para rastrear cuánto tiempo pasa cada miembro de un grupo de K-pop en el centro o en la posición destacada durante la coreografía, basándose en videos de práctica de baile. Estos análisis muestran cómo se reparte el rol de center entre los miembros y suelen generar debates sobre equidad y balance.
- **Términos relacionados**:
  - *Edge Distribution [Distribución de bordes]*: Se refiere a cuánto tiempo pasan los miembros en los bordes (o lados) de las formaciones en la coreografía. Generalmente se analiza junto con la center distribution para evaluar qué tan equitativamente se

posicionan los miembros a lo largo de una presentación. A menudo es criticado cuando ciertos miembros son relegados a los bordes con demasiada frecuencia, especialmente en momentos clave de la coreografía.

- *Line Distribution [Distribución de líneas]*: Rastrea cuántas líneas de voz o rap obtiene cada miembro en una canción. El análisis de la line distribution a menudo se cruza con el de la center distribution, ya que los miembros que cantan más frecuentemente también pueden obtener más tiempo en el centro de la coreografía.

CF (Commercial Film) (CF | si-e-peu)

- Término coreano para comerciales o anuncios de televisión, a menudo protagonizados por celebridades, incluidos idols de K-pop. Conseguir un contrato de CF es una señal de la popularidad y rentabilidad de un idol.
- **Nota**: Es sinónimo de CM (Commercial Message), término más utilizado en Japón.

Challenge [Reto] (첼린지 | chael-lin-ji)

- Un reto de baile o performance, generalmente iniciado en plataformas de redes sociales como TikTok, Instagram o YouTube, donde fans e idols recrean o reinterpretan una coreografía o tendencia específica.
- **Importancia**: Frecuentemente utilizado como herramienta promocional para comebacks, los challenges a menudo presentan a idols colaborando con otras celebridades o fans para aumentar la participación y la viralidad.

Cheot Con (첫콘 | cheot-kon)

- Abreviatura de "primer concierto," que hace referencia a la función de apertura de una gira de conciertos. Cheot Con es un evento muy esperado donde los fans experimentan por primera vez el repertorio, el diseño del escenario y las presentaciones de la gira.

- **Término relacionado**: *Mak Con.*

Choreographer [Coreógrafo/a] (안무가 | an-mu-ga)

- Persona que crea y enseña la coreografía para presentaciones de K-pop.
- **Ejemplo**: Lia Kim, reconocida coreógrafa y cofundadora de *1MILLION Dance Studio*, es acreditada por la creación de rutinas icónicas como 'Gashina' de Sunmi.

Chorus [Coro] (후렴 | hu-ryeom)

- La parte más repetitiva y memorable de una canción, a menudo con la letra y la melodía más pegadizas.
- **Ejemplo**: El *chorus* de 'DDU-DU DDU-DU' de BLACKPINK es icónico por su ritmo adictivo y su *hook*.
- **Nota**: En el K-pop, los *choruses* suelen incluir coreografías sincronizadas que los fans disfrutan replicar.

Chum (춤 | chum)

- Palabra coreana para "danza" o "baile," utilizada a menudo en el contexto de coreografías y presentaciones en el K-pop.
- Frases comunes incluyen *"chum chu-da"* (춤추다 | bailar) y "chum yeonseup" (춤 연습 | práctica de baile).
- **Término relacionado**: *Dance Practice Video.*

Chwalyeong (촬영 | chwal-yeong)

- "Filmación" o "rodaje," usado en la industria del K-pop para describir la producción de videos musicales, sesiones de fotos, comerciales y programas de variedades.

- **Uso**: Incluye grabaciones de videos musicales, sesiones de fotos para álbumes y filmaciones para programas de televisión.

Collabo (콜라보 | kol-la-bo)

- Forma abreviada de "colaboración," que se refiere a proyectos donde los idols trabajan con otros artistas, productores o marcas.
- Ejemplo de uso: "La collabo de Rosé con Bruno Mars en 'Apt.' fue un gran éxito."
- **Tipos de collabo**:
  - *Música*: Dúos, colaboraciones en canciones o álbumes conjuntos entre artistas.
  - *Presentaciones*: Escenarios especiales en premios o festivales musicales con idols de diferentes grupos.
  - *Marcas*: Asociaciones con empresas para patrocinios o lanzamientos de productos.

Comeback (컴백 | keom-baek)

- Término del K-pop que se refiere al lanzamiento de nueva música o álbumes por parte de idols o grupos, generalmente acompañado de promociones, presentaciones y videos musicales. A diferencia de su significado en inglés, en el K-pop un "comeback" ocurre cada vez que un artista lanza nuevo material, no solo después de un período de inactividad.
- **Ejemplo de uso**: "Los fans esperan con ansias el próximo comeback del grupo, con la esperanza de un concepto innovador y otro éxito en las listas."
- **Nota**: Los comebacks suelen estar precedidos por adelantos, fotos conceptuales y medleys destacados para generar expectación. También incluyen un "comeback stage" en programas musicales como *Inkigayo* o *M Countdown*. Grupos o solistas pueden tener múltiples

comebacks al año, dependiendo de sus agendas y estrategias de su agencia.

Company President [Presidente de la compañía] (사장 ㅣ sa-jang)

- Máximo ejecutivo de una empresa de entretenimiento, responsable de supervisar las operaciones y estrategias a largo plazo de la compañía.
- **Nota**: En algunas empresas, el presidente también es fundador, productor o una figura clave en la toma de decisiones.

Composer [Compositor/a] (작곡가 ㅣ jak-gok-ga)

- Músico que compone y arregla la música para las canciones de K-pop.
- **Ejemplo**: Ryan Jhun es un compositor destacado que comenzó su carrera en SM Entertainment y luego creó algunos de los mayores éxitos para artistas de diversas discográficas.
- **Nota**: Muchas canciones de K-pop acreditan tanto a compositores coreanos como internacionales, reflejando la naturaleza global del género.

Costume Designer [Diseñador/a de vestuario] (의상 디자이너 ㅣ ui-sang di-ja-i-neo)

- Profesional encargado de diseñar y coordinar los atuendos de los idols de K-pop en videos musicales, presentaciones y promociones, asegurando que se alineen con el concepto del grupo.

Cover (커버 ㅣ keo-beo)

- Presentación o grabación en la que un idol o grupo recrea la canción de otro artista, a menudo con su propio estilo distintivo.

- **Nota**: Los covers son comunes en programas de supervivencia, programas de variedades y escenarios especiales. Se utilizan para resaltar la versatilidad de los idols, su respeto por el artista original y su capacidad para reinterpretar diferentes estilos musicales.

Cultural Technology [Tecnología cultural] (컬처럴 테크놀로지 | keol-cheo-reol te-keu-nol-lo-ji)

- Término introducido por Lee Soo-man, fundador de SM Entertainment, para describir el enfoque sistemático en la producción y exportación de contenido de K-pop. El concepto implica aplicar principios de fabricación utilizados en industrias como la electrónica y la automotriz al proceso completo de desarrollo de idols, que incluye su entrenamiento, la creación de música, coreografía, branding y la adaptación de contenido para mercados globales.
- Al tratar el contenido cultural como un producto diseñado con precisión—similar a cómo Samsung desarrolla teléfonos inteligentes o Hyundai diseña automóviles—el sistema de Cultural Technology de Lee se convirtió en una fuerza impulsora detrás de la Hallyu (Ola Coreana) y desempeñó un papel fundamental en la consolidación del K-pop como fenómeno global.
- **Nota**: Aunque fue pionero en SM Entertainment, este enfoque sistemático fue adoptado rápidamente por la industria del entretenimiento de Corea del Sur, convirtiéndose en el estándar para la producción de K-pop.

Dance Break [Interludio de baile] (댄스 브레이크 | daen-seu beu-re-i-keu)

- Sección de una canción, generalmente instrumental, donde el enfoque principal está en la coreografía.

- **Ejemplo**: El dance break en Growl de EXO se convirtió en uno de los momentos más icónicos en la historia del K-pop.

Dance Practice Video [Video de práctica de baile] (안무 연습 영상 | an-mu yeon-seup yeong-sang or 댄스 연습 영상 | daen-seu yeon-seup yeong-sang)

- Video en el que los idols interpretan su coreografía en una sala de práctica, generalmente vistiendo ropa casual o deportiva.
- **Propósito**: Estos videos ofrecen a los fans una visión pura de la coreografía sin efectos escénicos ni vestuarios elaborados, permitiendo ver al grupo completo en acción. A diferencia de los videos musicales, que pueden centrarse en ciertos miembros o incluir elementos visuales ajenos a la coreografía, los dance practice videos muestran a todos los miembros al mismo tiempo, destacando su sincronización, formaciones y dinámica colectiva.
- **Impacto**: Los dance practice videos populares a menudo se vuelven virales, ayudando a exhibir las habilidades del grupo ante una audiencia más amplia.
- **Variaciones**:
  - *Themed Versions*: Versiones con disfraces o temáticas especiales, como Halloween o atuendos casuales.
  - *Mirrored Versions*: Videos volteados horizontalmente, utilizados comúnmente por fans y bailarines para aprender la coreografía con mayor facilidad.

EDM (Electronic Dance Music) (이디엠 | i-di-em)

- Género musical reconocido a nivel mundial, caracterizado por ritmos electrónicos, sintetizadores y estructuras diseñadas para el baile. En el K-pop, el EDM se refiere a canciones con elementos electrónicos de alta energía, como *bass drops* y cambios de tempo dinámicos.

- **Nota**: El K-pop suele mezclar EDM con otros géneros como hip-hop, pop y R&B, lo que lo convierte en un elemento versátil en muchas canciones icónicas. Los fans a menudo usan el término EDM para describir la atmósfera o el estilo de producción de una canción.

Ending Fairy [Hada del final] (엔딩 요정 | en-ding yo-jeong)

- Término de K-pop que se refiere al miembro destacado en la toma final de un close-up en una presentación, generalmente posando de manera dramática, juguetona o con una expresión memorable para dejar una impresión duradera en los fans.
- **Nota:** Los momentos de *hada del final* son muy populares entre los fans, a menudo compartidos como GIFs o memes en las redes sociales. Muchas presentaciones presentan de 2 a 3 *hadas del final*, dando la oportunidad a varios miembros de brillar en los últimos momentos.

Entertainment Company [Compañía de entretenimiento] (기획사 | gi-hoek-sa)

- Una compañía que entrena, gestiona y promociona a los idols y grupos de K-pop; a veces llamada "agencia".
- **Ejemplos:** *SM Entertainment, YG Entertainment, JYP Entertainment y HYBE son algunas de las compañías de entretenimiento más grandes en K-pop.*
- **Nota:** Las compañías son responsables de todo, desde el reclutamiento (audiciones) hasta la producción, promoción y giras globales. Juegan un papel crucial en la imagen y éxito de un idol.
- **Término relacionado:** *The Big Three.*

Eumbang (음방 | eum-bang)

- Abreviatura de "transmisión musical" (음악 방송 | *eumak bangsung*), utilizada para referirse a los programas de música televisados donde los idols de K-pop interpretan sus canciones en vivo o en pregrabaciones. Estos programas son una parte clave del ciclo de promoción para debuts y comebacks.

- **Ejemplo de uso**: "El grupo presentó su nuevo sencillo en varios programas de eumbang esta semana."
- **Programas de eumbang más populares**: *Inkigayo* (SBS), *Music Bank* (KBS), *M Countdown* (Mnet), *Show! Music Core* (MBC), *The Show* (SBS MTV).

Fancam (직캠 | jik-kaem)

- Un video grabado por un fan que se centra en un idol específico durante presentaciones en vivo o eventos; literalmente significa "cámara directa."
- Las fancams suelen destacar la presencia escénica de un idol y se vuelven virales en redes sociales por su impacto visual o actuaciones sobresalientes.

Floor Work [Movimientos en el suelo] (플로어 워크 | peul-lo-eo wo-keu)

- Movimientos de baile realizados en el suelo, que pueden incluir acrobacias, giros o coreografías a nivel bajo.

Formation (포메이션 | po-me-i-syeon)

- La disposición o posicionamiento de los miembros durante la coreografía, que a menudo cambia a lo largo de la presentación para resaltar diferentes roles.
- **Nota**: Las formaciones sólidas son cruciales para los grupos grandes, ya que crean efectos visuales dinámicos en el escenario.

Freestyle [Estilo libre] (프리스타일 | peu-ri-seu-ta-il)

- Tipo de baile en el que el intérprete improvisa los movimientos en lugar de seguir pasos coreografiados.
- **Nota**: Los momentos de freestyle suelen incorporarse en *encore stages* o batallas de baile.

Gayo (가요 | ga-yo)

- Término coreano que se refiere a la música popular, especialmente a las canciones de la industria musical mainstream. En el contexto del K-pop, abarca de manera general las canciones interpretadas por idols y otros artistas, que suelen sonar en programas musicales y listas de éxitos.
- **Ejemplo de uso**: "Las tendencias recientes de gayo muestran una mezcla de EDM y elementos tradicionales coreanos."

Girl Crush (걸크러쉬 | geol-keu-reo-swi)

- Concepto o rasgo de personalidad en el que las idols femeninas transmiten confianza, poder e independencia, atrayendo tanto a fans masculinos como femeninos. Es popular por desafiar los estereotipos de género tradicionales.
- **Ejemplos**: Grupos conocidos por su concepto girl crush incluyen BLACKPINK, 2NE1, MAMAMOO, ITZY y (G)I-DLE.

Gok (곡 | gok)

- Pieza musical. Es un término más formal o técnico que norae (노래) y se usa con más frecuencia en contextos profesionales o para describir pistas individuales en un álbum o composiciones musicales.
- **Nota**: A diferencia de 노래, 곡 puede incluir música instrumental y no se limita solo a piezas vocales.
- Véase también Norae.

Gongbang (공방 | gong-bang)

- Forma abreviada de "transmisión pública" (공개 방송 | gong-gae bang-sung), que se refiere a programas musicales en vivo o pregrabados en los que los fans pueden asistir como parte del público.
- El *gongbang* es una parte importante de las promociones en el K-pop, ya que permite a los fans ver a los idols actuar en persona.
- **Uso en el K-pop**: Se refiere a programas musicales como *Inkigayo*, *Music Bank* y *Show! Music Core*. A menudo incluye interacciones con los fans, como cánticos, pancartas y el uso coordinado de *lightsticks*.

Gongyeon (공연 | gong-yeon)

- Término general que significa "actuación" o "concierto", utilizado para describir eventos en vivo donde los idols o artistas de K-pop se presentan ante una audiencia.
- *Gongeyon* incluye conciertos a gran escala, *fan meetings* o incluso *showcases* más pequeños.

Group Greeting (단체 인사 | dan-che in-sa)

- Introducción o despedida ensayada y establecida que realizan los grupos de K-pop, generalmente con una frase hablada, gestos sincronizados e inclinaciones como muestra de unidad y respeto.
- **Ejemplo**: El group greeting de TWICE es "One in a million! Hello, we are TWICE!"

Gwanggo (광고 | gwang-go)

- Término general para "anuncio" o "comercial", que a menudo presenta a idols de K-pop promocionando productos o servicios en televisión, en línea o en medios impresos.

- **Nota:** *Gwanggo* es el término más amplio para los anuncios, mientras que *CF* (Commercial Film) es un tipo específico de anuncio, especialmente comerciales de televisión.

Hallyu (한류 | hal-lyu)

- Traducido como "Ola Coreana", *Hallyu* se refiere a la popularidad global de la cultura surcoreana, incluyendo K-pop, K-dramas, películas, moda, belleza, comida y más. Significa la creciente influencia del entretenimiento y estilo de vida coreano a nivel mundial.
- **Ejemplo de uso:** *"Me metí en el Hallyu a través de los K-dramas, pero ahora también soy un gran fan del K-pop."*
- **Origen:** El término fue acuñado por primera vez por periodistas chinos a finales de los años 90 para describir el creciente interés en los dramas de televisión y la música pop de Corea en Asia.

Hallyu Dream Concert (한류 드림 콘서트 | hal-lyu deu-rim kon-seo-teu)

- Concierto anual de K-pop que presenta actuaciones de idols consolidados y estrellas en ascenso, organizado como parte de los esfuerzos de Corea del Sur para promover el Hallyu (Ola Coreana) y atraer a fans internacionales. El evento destaca la vitalidad del K-pop y la cultura coreana.
- **Nota**: Presenta una combinación de idols establecidos y novatos. Se lleva a cabo en ciudades importantes como Seúl o Gyeongju para atraer a fans de todo el mundo. Su objetivo es impulsar el turismo cultural y resaltar el impacto del K-pop.

Highlight Medley [Medley de destacados] (하이라이트 메들리 | ha-i-la-i-teu me-deul-li)

- Un video corto o fragmento de audio que presenta avances de todas las canciones de un próximo álbum, lanzado antes de su estreno oficial. Los *highlight medleys* están diseñados para dar a los fans un adelanto de la atmósfera general del álbum, sus géneros y momentos destacados, generando anticipación y emoción por el nuevo lanzamiento.
- **Nota**: A menudo se combinan con elementos visuales, como ilustraciones del álbum o fotos conceptuales, para reforzar el concepto del comeback del grupo.

Hook [Gancho] (훅 | huk)

- La parte más pegajosa de una canción, generalmente una frase o melodía corta diseñada para captar la atención del oyente.
- **Nota**: El *hook* puede aparecer en el *chorus* o como una frase independiente que se repite a lo largo de la canción.

Hwabo (화보 | hwa-bo)

- Término general que significa "sesión de fotos" o "pictorial", utilizado para referirse a spreads fotográficos profesionales, a menudo para revistas, materiales promocionales o campañas de moda. En el contexto del K-pop, *hwabo* muestra los visuales, la moda y los conceptos de los idols.
- **Nota:** Los *hwabos* se presentan comúnmente en revistas como *Vogue Korea*, *Elle* o *Dazed,* y se comparten digitalmente a través de redes sociales y plataformas oficiales.

Intro (인트로 | in-teu-ro)

- Sección de apertura de una canción que establece el tono e introduce las melodías o ritmos principales.

Isolations [Aislaciones] (아이솔레이션 | a-i-sol-le-i-syeon)

- Técnica en la que los bailarines mueven partes específicas de su cuerpo de manera independiente, como la cabeza, los hombros, el torso o las caderas.

Jib (집 | jib)

- Palabra coreana para "casa" o "hogar", pero en el contexto del K-pop, se usa para referirse a un "álbum completo" con una cantidad sustancial de canciones, en contraste con los miniálbumes y lanzamientos de sencillos más comunes.
- También se usa para especificar el orden de un álbum dentro de la discografía de un artista.
  - Por ejemplo, "1st jib" (첫집 | cheot-jib) se refiere a un álbum debut, mientras que "2nd jib" (두번째 집 | dubeonjjae jib) hace referencia al segundo álbum de larga duración.
- **Nota**: A menudo se combina con términos como *mini-jib* (미니집 | mini-jib), que se refiere a un miniálbum o EP, diferenciándolo de un lanzamiento de larga duración.

Killing Part [Parte matadora] (킬링 파트 | kil-ling pa-teu)

- La parte más memorable e impactante de una canción o presentación que capta la atención de los fans.
- **Ejemplo de uso**: "El shoulder dance de Ryujin en 'Wannabe' de ITZY es el *killing part* que encantó a los fans."

Line Distribution [Distribución de líneas] (라인 배분 | ra-in bae-bun)

- Se refiere a cómo se dividen las líneas vocales o de rap en una canción entre los miembros de un grupo de K-pop. La *line distribution* determina cuánto tiempo tiene cada miembro para mostrar su talento individual durante una presentación.

- **Importancia**: La "justicia" en la *line distribution* es un tema de debate entre los fans, ya que refleja el equilibrio de oportunidades otorgadas a cada miembro. Una distribución desigual a menudo genera controversia en los fandoms, especialmente cuando los fans sienten que su bias ha sido ignorado.
- **Nota**: La *line distribution* suele ser analizada por los fans después del lanzamiento de una canción, con gráficos circulares y tablas compartidas en redes sociales para visualizar la distribución de líneas.

Live AR (라이브 AR | ra-i-beu AR)

- Término usado en el K-pop para describir una presentación en la que los idols cantan en vivo sobre una pista de fondo pregrabada que incluye sus propias voces. Esta configuración mejora el sonido en vivo mientras mantiene la estabilidad vocal durante coreografías exigentes. "AR" significa "All Recorded".
- **Ejemplo de uso**: "El grupo utilizó *Live AR* durante su *comeback stage* para respaldar su canto durante los *dance breaks* más exigentes."
- **Comparación con términos relacionados**:
  - *MR* (*Music Recording*): Pista de fondo que excluye las voces principales pero conserva los instrumentos y coros. Permite a los intérpretes cantar en vivo sin perder la calidad del sonido.
  - *Lip-Sync* (립싱크 | lip-sing-keu): Presentaciones completamente sincronizadas con una pista vocal pregrabada, sin canto en vivo.
- Véase también *MR* y *MR Removed*.

Loké (로케 | ro-ke)

- Forma abreviada de "location" (*locación*), utilizada para referirse al lugar donde se filman videos musicales, sesiones de fotos u otros contenidos.

Love Song [Canción de amor] (러브송 | reo-beu-song or 사랑 노래 | sa-rang no-rae)

- Canción centrada en temas de amor, afecto o relaciones.
- **Nota**: El término en inglés *love song* (러브송 | reobeusong) se usa con mayor frecuencia en la industria del K-pop que su equivalente coreano tradicional, 사랑 노래 (*sarang norae*). Esta preferencia surge del enfoque global del K-pop y su imagen moderna.

Lyricist [Letrista] (작사가 | jak-sa-ga)

- Persona que escribe la letra de las canciones.
- **Nota**: Algunos idols participan activamente en la composición de las letras, aportando un toque personal a su música.

Mak Con (막콘 | mak-kon)

- Abreviatura de "maknae concert" (막내 콘서트) o "último concierto" (마지막 콘서트; ma-ji-mak kon-seo-teu), que se refiere a la última presentación de una gira de conciertos. A menudo tiene un significado especial, ya que marca el cierre de la gira.
- **Cultura fan**: Los fans suelen organizar proyectos o eventos especiales, como pancartas, coordinación de colores en los *lightsticks* o mensajes sorpresa, para celebrar el concierto final.
- **Perspectiva idol**: El último concierto suele incluir discursos emotivos, *encores* y presentaciones especiales para conmemorar el final de la gira.
- Véase también *Cheot Con*.

Makeup Artist (메이크업 아티스트 | me-i-keu-eop a-ti-seu-teu)

- Profesional encargado de diseñar y aplicar el maquillaje de los idols para presentaciones, sesiones de fotos y apariciones públicas.
- **Nota**: Las tendencias de maquillaje en el K-pop, como la *glass skin* o el maquillaje de ojos con glitter, suelen ser establecidas por los maquilladores de la industria.

Making (메이킹 | me-i-king)

- Forma abreviada de "Making of…", utilizada en la industria del K-pop para referirse al contenido detrás de cámaras que muestra el proceso de producción de videos musicales, sesiones de fotos, presentaciones o álbumes. Los *making videos* suelen resaltar el esfuerzo y la dedicación de los idols y sus equipos.
- **Tipos de contenido *Making***:
  - *MV Making*: Detrás de cámaras de los rodajes de videos musicales, mostrando la preparación del set, la filmación y bloopers.
  - *Photo Making*: Imágenes de sesiones de fotos para álbumes o materiales promocionales.
  - *Album Making*: Material sobre el proceso de grabación, composición o sesiones en el estudio.
- **Plataformas comunes**: Los *making videos* suelen compartirse en canales oficiales de YouTube, V LIVE o en colecciones de DVD que acompañan álbumes o conciertos.

Manager [Mánager] (매니저 | mae-ni-jeo)

- Personal encargado de gestionar los horarios, la logística y el día a día de los idols o grupos.

Member Shine [Brillo del miembro] (멤버 샤인 / mem-ba sya-in)

- Término que se refiere al esfuerzo deliberado en el K-pop por destacar a los miembros individuales de un grupo, permitiéndoles mostrar su talento y personalidad. Esto puede lograrse a través de líneas en solitario, coreografías destacadas o tiempo en pantalla en presentaciones, videos musicales o programas de variedades.
- Aunque este concepto se discute en inglés como *member shine*, los fans coreanos lo describen con frases como 멤버가 돋보이다 (*mem-beo-ga dop-bo-i-da*, "que un miembro resalte") o 멤버에게 스포트라이트를 주다 (*mem-beo-e-ge seu-po-teu-ra-i-teu-reul ju-da*, "dar el foco a un miembro").
- **Ejemplo de uso**:
  - "El productor se aseguró de que cada miembro tuviera su momento de *member shine* distribuyendo las líneas de manera equitativa en la canción."
  - "Jimin realmente tuvo su momento de *member shine* en este *comeback* con sus impresionantes *dance breaks* en el video musical."

Mini Album (미니앨범 | mi-ni ael-beom)

- Un álbum de K-pop con 4 a 7 canciones, que ofrece más contenido que un sencillo pero menos que un álbum de larga duración. Los *mini albums* se utilizan frecuentemente para *comebacks* y promociones.
- **Ejemplo**: *Kill This Love* de BLACKPINK es un *mini album* que incluye cinco canciones.
- Generalmente contiene *title tracks*, *B-sides* y, a veces, versiones instrumentales. Se vende con coleccionables como *photobooks* y *photocards*, lo que los convierte en favoritos de los fans.

Mission (미션 | mi-syeon)

- Una tarea o desafío específico que los idols deben completar, a menudo en programas de supervivencia o variedades.

- **Ejemplo de uso**: "Durante el *survival show*, los aprendices completaron una *mission* interpretando un *cover* de una famosa canción de K-pop."
- **Programas de supervivencia**: Los aprendices o grupos interpretan canciones, coreografías o conceptos específicos para competir por un debut o una mejor clasificación.
- **Programas de variedades**: Desafíos más ligeros —y a menudo cómicos— como juegos, imitaciones o tareas para obtener recompensas.
- **Conciertos/Eventos de fans**: Misiones que implican interacción con los fans, como cumplir peticiones o presentaciones temáticas.

Mixtape (믹스테이프 | mik-seu-te-i-peu)

- Un lanzamiento musical no comercial de un artista de K-pop, a menudo autoproducido y distribuido gratuitamente en plataformas como SoundCloud o YouTube. Las *mixtapes* permiten a los artistas explorar su creatividad sin las restricciones de sus actividades oficiales con el grupo o la agencia.
- **Ejemplo de uso**: "La *mixtape* de Agust D mostró el lado más personal y crudo de Suga a través de potentes canciones de rap."

MR (Music Recording) (MR | em-a-reu)

- En el K-pop, MR se refiere a una pista de acompañamiento que excluye las voces principales (lead vocals), dejando solo los instrumentales y, en algunos casos, coros o armonías de fondo. Se usa comúnmente en presentaciones en vivo para permitir que los idols canten en directo sin perder la estructura y el sonido original de la canción.
- **Comparación con AR (*All Recorded*)**:
  - MR excluye las voces principales para enfocarse en el canto en vivo.

- º AR incluye voces pregrabadas para brindar apoyo vocal durante la presentación.
- **Términos relacionados**: *Live AR* y *MR Removed*.

MR Removed [MR eliminado] (MR제거 | em-a-reu je-geo)

- Se refiere a una pista o técnica de análisis donde se aísla o elimina el MR (*Music Recording*) de una presentación en vivo. El resultado es un archivo de audio en el que se destacan las voces principales y cualquier otro sonido en vivo (respiraciones, *ad-libs*).
- **Propósito**: Usado comúnmente por fans y críticos para evaluar qué tan bien interpretan los idols en vivo sin depender demasiado de pistas de fondo o voces pregrabadas.
- **Ejemplo de uso**: "La versión *MR Removed* de su presentación en vivo mostró lo estables que eran sus voces a pesar de la coreografía intensa."

Mudae (무대 | mu-dae)

- Palabra coreana para "escenario", que se refiere al espacio físico donde los idols, artistas y grupos presentan sus canciones y coreografías. También puede significar "presentación".
- En el K-pop, *mudae* se usa comúnmente para describir presentaciones en programas musicales, ceremonias de premios, conciertos y otros eventos en vivo.

Music Video [Video musical] (뮤직 비디오 | myu-jik bi-di-o)

- Un cortometraje que acompaña una canción, combinando elementos visuales, coreografía y narrativa para realzar su concepto y atractivo.

Music Video Director (뮤직비디오 감독 | myu-jik-bi-di-o gam-dok)

- Director especializado en la planificación y filmación de videos musicales de K-pop.
- **Ejemplo**: Directores famosos como Lumpens han creado videos icónicos de K-pop que acumulan millones de vistas a nivel mundial, contribuyendo a la expansión del *Hallyu*.

MV (엠비 | em-bi)

- Véase *Music Video*.

NG (엔지 | en-ji)

- Acrónimo de *No Good*. Término utilizado para referirse a bloopers o tomas descartadas durante una grabación, como errores en diálogos, coreografía o actuación. Los momentos NG suelen compartirse en contenido detrás de cámaras.
- **Ejemplo de uso**: "A los fans les encantaron los momentos *NG* del rodaje del video musical del grupo."

Nokeum (녹음 | nok-eum)

- Término general para "grabación", que se refiere al proceso de estudio de capturar las voces o los instrumentales.

Norae (노래 | no-rae)

- Canción, generalmente refiriéndose a música con letra y voces.
- **Nota**: Este término no se aplica a música instrumental; se refiere específicamente a música vocal.
- Véase también *Gok*.

Noraebang (노래방 | no-rae-bang)

- Término coreano que significa "sala de karaoke", donde personas o grupos pueden cantar con pistas instrumentales en habitaciones privadas. El *noraebang* es una actividad de ocio muy popular en Corea y suele mencionarse en la cultura del K-pop.
- **Ejemplo de uso**: "Los idols fueron a un *noraebang* después de su *fan meeting* para relajarse y divertirse."

One-Take Performance [Performance de una sola toma] (원테이크 무대 | won-te-i-keu mu-dae)

- Presentación o video musical grabado en una sola toma continua, sin cortes ni ediciones.
- **Nota**: Las *one-take performances* requieren una preparación y precisión extremas.

OST (오에스티 | o-e-seu-teu)

- La abreviatura de "Original Soundtrack", utilizada ampliamente en Corea para referirse a la música creada para dramas, películas o programas de televisión.
- **Nota:** Destaca el talento vocal de los idols y llega a una audiencia más amplia. Cantar un *OST* puede aumentar la visibilidad de un idol, ya que los dramas exitosos a menudo atraen tanto a fans nacionales como internacionales. La participación en *OSTs* también sirve como una forma de promoción cruzada entre el K-pop y los K-dramas, reforzando la Ola Coreana. Ejemplos icónicos incluyen *"Stay With Me"* de Chanyeol y Punch (OST de *Goblin*).

Outro (아웃트로 | a-u-teu-ro)

- La sección final de una canción que la lleva a una conclusión fluida o dramática.
- **Ejemplo de uso**: "El *outro* de *Psycho* de Red Velvet se desvanece con armonías en capas."

Perfect All-Kill (PAK) [All-Kill perfecto] (퍼펙트 올킬 | peo-pek-teu ol-kil)

- El nivel más alto de reconocimiento en las listas musicales de Corea, logrado cuando una canción ocupa simultáneamente el puesto #1 en:
  - Todas las listas musicales en tiempo real.
  - Todas las listas musicales diarias.
  - El iChart semanal, un ranking agregado que recopila datos de múltiples plataformas.
- **Ejemplo de uso**: *"Celebrity* de IU logró un *Perfect All-Kill,* consolidando su estatus como uno de los mayores éxitos del año."
- **Importancia**: Este logro indica popularidad sostenida y dominio en múltiples períodos de tiempo, demostrando el gran alcance de una canción.
- **Listas incluidas**: Melon, Genie, Bugs, VIBE, FLO, YouTube Music y el iChart agregado.
- **Nota**: El *Perfect All-Kill* es un logro poco común, ya que requiere consistencia y un apoyo generalizado a lo largo del tiempo, no solo éxito inicial.
- Véase también *All-Kill.*

Photographer [Fotógrafo/a] (포토그래퍼 | po-to-geu-rae-peo)

- Persona encargada de capturar fotografías, especialmente en contextos profesionales o artísticos. En coreano, el término 포토그래퍼, una transliteración del inglés *photographer*, es común en industrias influenciadas por el inglés, como la moda, los medios y el K-pop.
- **Términos generales en coreano**:
  - 사진작가 (*sa-jin jak-ga*): Literalmente "artista de la fotografía", este término se usa comúnmente para referirse a fotógrafos profesionales o artísticos.
  - 사진사 (*sa-jin sa*): Un término más informal o general para fotógrafos, a menudo usado en contextos más antiguos.

Point Choreography [Coreografía destacada] (포인트 안무 | po-in-teu an-mu)

- Parte específica de la coreografía de una canción diseñada para ser la más memorable y reconocible, generalmente lo suficientemente sencilla para que los fans la imiten.
- **Ejemplo**: El gesto de *finger heart* en *TT* de TWICE es uno de los ejemplos más famosos de *point choreography*.
- **Nota**: La *point choreography* es crucial en el K-pop, ya que crea momentos virales y ayuda a que las canciones ganen popularidad a través de interacciones con los fans, *covers* y desafíos.

PR Manager [Responsable de relaciones públicas] (홍보 담당자 | hong-bo dam-dang-ja)

- Profesional encargado de gestionar la imagen pública de un idol, las relaciones con los medios y las campañas promocionales.

Pre-Chorus [Pre-coro] (프리 코러스 | peu-ri ko-reo-seu)

- Sección de la canción que genera anticipación y aumenta la intensidad antes del *chorus*.
- **Nota**: Los *pre-choruses* son comunes en el K-pop para aumentar la tensión y hacer que el *chorus* tenga un mayor impacto.

Pre-Order [Pre-orden] (예판 | ye-pan)

- Forma abreviada de 예약 판매 (*yeyak panmae*), que se refiere a la venta anticipada de álbumes, *merchandise* o productos antes de su lanzamiento oficial.
- **Ejemplo de uso**: "El álbum del grupo vendió más de un millón de copias solo en su periodo de *yepan*."

Pre-Release Single [Sencillo previo al lanzamiento] (선공개 곡 | seon-gong-gae gok)

- Canción lanzada antes de un álbum completo o *comeback* para generar interés y emoción.
- **Nota**: Los *pre-release singles* son cada vez más comunes en el K-pop, y los fans suelen diferenciarlos de la *title track* principal.

Producer [Productor/a] (프로듀서 | peu-ro-dyu-seo)

- Persona encargada de supervisar y crear la música, el concepto y la dirección de las canciones o álbumes de los idols.
- **Ejemplo**: Teddy Park, *producer* de YG Entertainment, es conocido por crear algunos de los mayores éxitos del K-pop.
- **Nota**: Algunos idols también actúan como *producers*, como Suga (BTS), Woozi (SEVENTEEN) y 3RACHA (subunidad de Stray Kids).

Rap Verse [Estrofa de rap] (랩 벌스 | raep beol-seu)

- Sección de la canción en la que los raperos entregan líneas rítmicas, habladas o semi-habladas.
- **Nota**: Los *rap verses* suelen contrastar con las partes melódicas de la canción para aportar variedad.

Re-Debut (재데뷔 | jae-de-byu)

- Cuando un idol debuta nuevamente como parte de un grupo diferente, un proyecto o una carrera en solitario.
- **Ejemplo**: Yuju hizo su *re-debut* como solista después de la disolución de su grupo GFRIEND.
- **Nota**: Los *re-debuts* permiten a los idols reinventarse o explorar nuevas direcciones creativas.

Refrain [Estribillo] (리프레인 | ri-peu-re-in)

- Línea o frase repetida en una canción, utilizada a menudo de manera intercambiable con *chorus,* aunque en algunos casos aparece de forma independiente.

Relay Dance [Baile de relevo] (릴레이 댄스 | ril-le-i daen-seu)

- Formato popular en la comunidad del K-pop en el que los miembros de un grupo se alinean y realizan la coreografía uno por uno, a menudo agregando elementos divertidos. Estas presentaciones suelen publicarse en canales de YouTube como M2, una marca digital de Mnet, y se han convertido en favoritas de los fans.
- **Ejemplos**: El *relay dance* de TWICE para *Yes or Yes* tiene más de 14 millones de vistas, y el de MAMAMOO para *HIP* ha superado los 29 millones de vistas.
- **Nota**: La naturaleza entretenida y a menudo humorística de los *relay dances* permite a los fans ver un lado más relajado y divertido de sus idols favoritos, lo que contribuye a su gran popularidad.

Repackage Album [Álbum reempaquetado] (리패키지 앨범 | ri-pae-ki-ji ael-beom)

- Una versión relanzada de un álbum previamente publicado, que suele incluir canciones adicionales, remixes o cambios de concepto. Los *repackage albums* son una estrategia común en el K-pop para extender las promociones y ofrecer contenido nuevo a los fans.

Saengbangsong (생방송 | saeng-bang-song)

- Término coreano que significa "transmisión en vivo", refiriéndose a la emisión televisada o en línea en tiempo real de presentaciones, programas o eventos sin pregrabación.

Session Musician [Músico de sesión] (세션 음악가 | se-syeon eu-mak-ga)

- Músico contratado para grabar instrumentos o pistas de acompañamiento en una canción.
- **Nota**: Muchos *session musicians* son acreditados en los *liner notes* de los álbumes, pero suelen permanecer tras bambalinas.

Sharp Dance [Baile preciso] (칼군무 | kal-gun-mu)

- Término usado para describir coreografías ejecutadas con extrema precisión y sincronización, pareciendo tan afiladas como un cuchillo. Comúnmente asociado con grupos de K-pop que destacan por sus movimientos coordinados, 칼군무 enfatiza el alto nivel de disciplina y trabajo en equipo necesario para ejecutar este tipo de coreografía.
- **Nota**: *Kalgunmu* se traduce como "coreografía afilada como un cuchillo" en coreano.

Shicheongryul (시청률 | shi-cheong-ryul)

- Término coreano que significa "índice de audiencia" o "rating", utilizado para medir el porcentaje de espectadores que ven un programa de televisión, transmisión o evento en particular.
- **Nota**: Un alto *shicheongryul* indica la popularidad de un programa y es una métrica clave para las emisoras y anunciantes al evaluar el impacto y valor de un programa.

Shingirok (신기록 | shin-gi-rok)

- Término coreano que significa "nuevo récord", utilizado para referirse a un hito o logro que supera los anteriores. En la industria del K-pop, *shingirok* destaca el éxito de un

artista o grupo al batir récords en listas de música, reproducciones o ventas.
- **Ejemplo de uso**: "El grupo estableció un *shingirok* de ventas de álbum más altas en las primeras 24 horas."

Shingok (신곡 | shin-gok)

- Término coreano que significa "nueva canción", usado para describir cualquier pista recién lanzada, ya sea parte de un *comeback*, un debut o un sencillo independiente. A diferencia de un *comeback*, que se refiere a todo el evento promocional, *shingok* se enfoca específicamente en la canción.
- **Nota**: Puede referirse a nuevos sencillos, *title tracks* o *B-sides*. Puede existir fuera del contexto de un *comeback*, como un sencillo digital o una colaboración. Todo *comeback* incluye un *shingok*, pero no todos los *shingok* están ligados a un *comeback*.

Showcase [Presentación] (쇼케이스 | syo-ke-i-seu)

- Eventos promocionales donde un grupo o artista de K-pop interpreta canciones, generalmente de su último álbum o debut, para fans y medios. Estos eventos suelen incluir presentaciones en vivo, sesiones de preguntas y respuestas, e entrevistas, sirviendo como plataforma para presentar el nuevo concepto musical del artista.
- **Nota**: Un *showcase* generalmente marca el debut de un nuevo grupo o el *comeback* de un grupo establecido.

Sound Engineer [Ingeniero de sonido] (음향 엔지니어 | eum-hyang en-ji-ni-eo)

- Técnico encargado de gestionar los sistemas de sonido en conciertos en vivo, grabaciones o transmisiones.

Special Performance [Presentación especial] (특별 공연 | teuk-byeol gong-yeon)

- Una actuación única de los idols fuera de sus promociones regulares, a menudo creada para eventos como premios, festivales de fin de año o transmisiones especiales, y generalmente incluye mashups creativos, versiones o colaboraciones.

Staff [Personal] (스태프 | seu-tae-peu)

- Término colectivo para todos los profesionales que trabajan detrás de escena en las actividades de los idols, incluyendo managers, estilistas, maquilladores y equipos de producción.
- **Nota**: Los idols suelen ser vistos o escuchados agradeciendo explícitamente al *staff* por su arduo trabajo.

Stage Crew [Equipo de escenario] (무대 스태프 | mu-dae seu-tae-peu)

- Miembros del *staff* responsables de la instalación y gestión del escenario, equipos y utilería para las presentaciones.

Stage Outfit [Vestuario de escenario] (무대 의상 | mu-dae ui-sang)

- Vestuario especial usado por los idols durante las presentaciones, diseñado para alinearse con el concepto o tema de la canción.

Stylist [Estilista] (스타일리스트 | seu-ta-il-li-seu-teu)

- Profesional encargado de seleccionar y coordinar los atuendos, el maquillaje y el peinado de un idol para que coincidan con un concepto.

Teaser (티저 | ti-jeo)

- Video, imagen o clip de audio promocional publicado antes de un *comeback*, debut o lanzamiento de un álbum de K-pop para generar expectativa y emoción.
- **Nota**: Los *teasers* son una estrategia clave del marketing en K-pop, estableciendo el tono y concepto de un *comeback* sin revelar el contenido completo.

Title Track [Canción principal] (타이틀곡 | ta-i-teul-gok)

- Canción principal de un álbum, promovida intensamente a través de videos musicales, presentaciones en vivo y transmisiones. A pesar de su nombre, el título de la *title track* a menudo no tiene relación directa con el título del álbum, ya que los álbumes suelen llevar nombres que reflejan temas, conceptos u otras canciones.
- **Ejemplo**: "*Blood Sweat & Tears*" fue elegida como la *title track* del álbum *WINGS* de BTS.

Triple Crown [Triple Corona] (트리플 크라운 | teu-ri-peul keu-ra-un)

- Lograr el primer lugar en el mismo programa musical durante tres semanas consecutivas, un logro significativo en el K-pop.
- Ejemplo: "TWICE consiguió un *Triple Crown* con su éxito *Cheer Up* en *Inkigayo*."

Trot (트로트 | teu-ro-teu)

- Género musical tradicional coreano caracterizado por su ritmo repetitivo, melodías sencillas y una entrega vocal emotiva. Aunque el *trot* suele asociarse con generaciones mayores, ha despertado un renovado interés gracias a presentaciones de idols y adaptaciones modernas.

- **Origen**: Se remonta a principios del siglo XX, combinando tradiciones musicales coreanas con influencias del *enka* japonés y estilos occidentales.
- **Características**: Técnicas vocales distintivas, como el *vibrato* y la inflexión de tono, que evocan emociones intensas.
- **Relevancia moderna**: Los idols ocasionalmente interpretan *trot* en programas de variedades o presentaciones especiales, acercándolo a audiencias más jóvenes.

Vocal Trainer (보컬 트레이너 | bo-keol teu-re-i-neo)

- Profesional que entrena a los idols para mejorar su técnica vocal, resistencia y habilidades de canto.

CAPÍTULO 3

ESCENARIOS DE K-POP
LUGARES CLAVE, PLATAFORMAS DE PRESENTACIÓN, PROGRAMAS MUSICALES, PREMIOS Y LISTAS MUSICALES

Asia Artist Awards (AAA) (아시아 아티스트 어워즈 | a-si-a a-ti-seu-teu eo-wo-jeu)

- Un evento anual de premios en Corea del Sur que reconoce los logros en música, televisión y cine, destacando a los artistas que sobresalen en toda Asia.
- Se celebró por primera vez en 2016 por Star News y Star Continent, con ceremonias recientes llevadas a cabo en varios países asiáticos para reflejar su enfoque panasiático. Destaca los logros interindustriales y el atractivo regional, con presentaciones de los principales idols de K-pop y actores. La votación de los fans juega un papel importante en muchas categorías.

Award [Premio] (상 | sang)

- Un reconocimiento otorgado a ídolos del K-pop, grupos o canciones por logros en categorías como ventas, popularidad o excelencia artística.
- 상 (*sang*) es la palabra nativa coreana utilizada en contextos cotidianos y a menudo aparece en frases como 대상 (*dae-sang*, gran premio) o 신인상 (*shin-in-sang*, premio

a novato). Sin embargo, 어워드 (*eo-wo-deu*) se usa principalmente en contextos influenciados por el inglés, como en los nombres oficiales de ceremonias de premiación o categorías dirigidas a audiencias globales.

- Véase *Award Show* y *Daesang*.

Award Show [Ceremonia de premios] (시상식 | si-sang-sik)

- Un evento formal en el que se entregan premios a ídolos del K-pop, grupos y canciones en reconocimiento a sus logros en ventas, popularidad o excelencia artística.
- Algunos de los principales eventos televisados son:
  - *Mnet Asian Music Awards (MAMA)*
  - *Melon Music Awards (MMA)*
  - *Golden Disc Awards (GDA)*
  - *Seoul Music Awards (SMA)*
  - *Gaon Chart Music Awards* (ahora *Circle Chart Music Awards*)
  - *Asia Artist Awards (AAA)*
- Muchos premios son votados por los fans, lo que añade un nivel de competencia y fomenta el orgullo en los fandoms.

Billboard Awards [Premios Billboard] (빌보드 어워즈 | bil-bo-deu eo-wo-jeu)

- Una prestigiosa ceremonia anual de premios organizada por *Billboard* para reconocer logros en la industria musical global, con ganadores determinados por el desempeño en las listas, la interacción de los fans y la votación.
- En 2023, *Billboard* introdujo cuatro nuevas categorías específicas para el K-pop, reconociendo su creciente impacto a nivel mundial. Estas categorías son: *Top Global K-Pop Artist, Top K-Pop Album, Top Global K-Pop Song* y *Top K-Pop Touring Artist*.

Billboard Charts [Listas Billboard] (빌보드 차트 | bil-bo-deu cha-teu)

- Listas musicales globales con base en EE.UU. que miden el éxito de canciones y álbumes según ventas, streaming y reproducciones en radio.
- *Billboard* tiene muchas listas, entre ellas el *Hot 100*, el *Billboard 200* y el *World Albums Chart*.

BST Hyde Park (BST 하이드 파크 | BST ha-i-deu pa-keu)

- Un reconocido festival de música anual que se celebra en Hyde Park, Londres, con presentaciones de artistas globales de diversos géneros, incluido el K-pop. BST significa *British Summer Time*.
- **Nota**: BLACKPINK hizo historia al convertirse en el primer acto de K-pop en encabezar el festival en 2023; Stray Kids siguió sus pasos al convertirse en el segundo en 2024.

Circle Chart (서클 차트 | seo-keul cha-teu)

- Véase *Gaon Chart*.

Coachella (코첼라 | ko-chel-la)

- Uno de los festivales de música más grandes e icónicos del mundo, celebrado anualmente en California, EE.UU. *Coachella* se ha convertido en una plataforma clave para que los artistas de K-pop presenten su música a audiencias globales.
- La presentación de BLACKPINK como *headliners* en 2023 fue un momento histórico para el K-pop en el festival.

Daesang (대상 | dae-sang)

- El premio más alto y prestigioso otorgado en las ceremonias de premios de Corea, conocido comúnmente como el "Gran Premio."

- **Nota**: Algunas categorías comunes de *Daesang* incluyen "Artista del Año", "Canción del Año" y "Álbum del Año."
- Véase *Award*.

Gaon Chart (가온 차트 | ga-on cha-teu)

- Rebautizado como *Circle Chart* en 2022, es la lista musical oficial de Corea del Sur, que rastrea las ventas y el streaming de álbumes, canciones y artistas, de manera similar a las listas de *Billboard* en EE.UU. Está gestionado por la Korea Music Content Association (*KMCA*).
- Incluye la *Digital Chart* (streaming y descargas), la *Album Chart* (ventas físicas) y la *Social Chart* (popularidad en línea).

Gaon Chart Music Awards (가온 차트 뮤직 어워드 | ga-on cha-teu myu-jik eo-wo-deu)

- Renombrados como *Circle Chart Music Awards* en 2022, estos premios anuales reconocen logros basados en los datos de *Circle Chart*, incluyendo ventas de álbumes, descargas digitales y streaming.
- Establecidos en 2011, utilizan un enfoque basado en datos para premiar a los artistas por su éxito comercial, lo que los convierte en una de las ceremonias de premios más objetivas y respetadas de Corea del Sur. Algunas de las categorías clave incluyen *Artista del Año* (por mes para lanzamientos digitales, por trimestre para ventas de álbumes), *Novato del Año* y *Premios de Popularidad*.

Gayo Daejeon (가요 대전 | ga-yo dae-jeon)

- Una serie de festivales musicales de fin de año organizados por las principales cadenas de televisión de Corea del Sur—SBS, KBS y MBC—para celebrar los logros del año en el K-pop y otros géneros. Estos eventos no son competitivos y presentan actuaciones especiales y escenarios creativos.

- **Características**: Escenarios colaborativos, *medleys* y mezclas. Reinterpretaciones únicas de canciones populares e interacciones entre grupos.
- **Tres eventos principales**:
  - *SBS Gayo Daejeon*: Conocido por sus conceptos de alta producción, generalmente se lleva a cabo alrededor de Navidad.
  - *KBS Gayo Daechukje*: Se centra en actuaciones en vivo y en una variedad de géneros, celebrado a finales de diciembre.
  - *MBC Gayo Daejejeon*: Un evento de celebración en la víspera de Año Nuevo, que incluye una cuenta regresiva hasta el nuevo año.

Golden Disc Awards (GDAs) (골든 디스크 어워즈 | gol-deun di-seu-keu eo-wo-jeu)

- Una de las ceremonias de premios musicales más prestigiosas de Corea del Sur, que reconoce logros en la industria del K-pop, particularmente en ventas de álbumes y música digital. A menudo se le llama los "Grammys coreanos."
- Establecido en 1986, se enfoca en el éxito cuantitativo, como ventas y *streams*. Las categorías principales incluyen *Álbum del Año* y *Canción Digital del Año*. Se celebra anualmente en enero e incluye actuaciones en vivo de los principales artistas. A partir de 2011, el evento comenzó a realizarse en varios países asiáticos fuera de Corea, como Japón, China, Tailandia e Indonesia.

Inkigayo (인기가요 | in-gi-ga-yo)

- Un programa de música semanal transmitido por SBS donde los artistas se presentan y compiten por el primer lugar.

- El sistema de puntuación de Inkigayo incluye ventas digitales, streaming y votación en vivo, lo que lo convierte en un fuerte indicador de la popularidad de una canción. El programa también es conocido por sus escenarios de alta calidad, actuaciones de encore populares y segmentos únicos.
- **Nota:** El *Inkigayo Sandwich*, originalmente vendido en la cafetería de SBS, se hizo famoso entre los idols y el personal. Conocido por sus capas de mermelada de fresa, ensalada de huevo con papas y ensalada de cangrejo, alcanzó un estatus legendario ya que se decía que los idols lo usaban para pasar notas de manera discreta entre ellos. Su popularidad llevó a versiones en tiendas de conveniencia por toda Corea.

Ka-Tok (카톡 | ka-tok)

- Un término casual para KakaoTalk (카카오톡 | ka-ka-o-tok), la aplicación de mensajería más popular de Corea del Sur, utilizada para enviar mensajes de texto, hacer llamadas y compartir contenido multimedia.
- **Nota:** Puede usarse como verbo (por ejemplo, *"카톡해"* (ka-tok-hae) — "Envíame un mensaje de KakaoTalk").

KCON (케이콘 | ke-i-kon)

- Una convención global y festival de música que celebra la cultura pop coreana, con conciertos de K-pop, actividades para fans y exhibiciones de comida, moda y entretenimiento coreanos.
- Lanzado en 2012 por CJ ENM, ahora se celebra a nivel mundial en ciudades como Los Ángeles, Tokio, Bangkok y París. Presenta actuaciones en vivo de los principales artistas de K-pop, paneles, talleres, sesiones de *meet-and-greet* con idols y exhibiciones culturales que destacan las tendencias de comida, moda y entretenimiento coreano.

Kohaku Uta Gassen (紅白歌合戦 | kō-ha-ku u-ta gas-sen)

- Un prestigioso programa musical de fin de año transmitido por NHK de Japón, con presentaciones de los principales artistas divididos en dos equipos: Rojo (artistas o grupos femeninos) y Blanco (artistas o grupos masculinos). La audiencia y los jueces votan para determinar el equipo ganador justo antes de la medianoche en la víspera de Año Nuevo.
- Emitido por primera vez en 1951, es uno de los programas musicales más longevos y más vistos de Japón. La inclusión de artistas de K-pop en este escenario icónico desde principios de los años 2000 es una clara señal de que el K-pop se ha establecido firmemente en la escena musical principal de Japón.

Korean Music Awards (KMAs) (한국대중음악상 | han-guk dae-jung eum-ak-sang)

- Una ceremonia anual de premios musicales de Corea del Sur que reconoce la excelencia artística en diversos géneros, incluyendo K-pop, indie y hip-hop.
- Celebrada por primera vez en 2004, con un enfoque en la creatividad más que en el éxito comercial. En lugar de basarse en ventas o métricas de popularidad, los *KMAs* son juzgados por críticos musicales y profesionales, destacando el mérito artístico y el reconocimiento crítico, lo que hace de este un galardón importante para artistas y música que quizás no dominen las listas, pero que aún mantienen un valor cultural o artístico.
- Actos prominentes de K-pop como BTS, IU y EXO han sido reconocidos y premiados en los *KMAs* por su música innovadora y sus contribuciones a la industria.

Lollapalooza (롤라팔루자 | rol-la-pal-lu-ja)

- Un festival de música de renombre mundial que presenta una variedad de géneros, incluyendo rock, hip-hop, *EDM* y pop.
- Realizado por primera vez en 1991 en Estados Unidos, desde entonces se ha expandido internacionalmente a países como Francia, Argentina y Brasil. En los últimos años, la participación de actos de K-pop como *headliners* en este icónico festival se ha vuelto cada vez más común.

M Countdown (엠카운트다운 | em ka-un-teu-da-un)

- Un programa de conteo musical global de K-pop transmitido por Mnet, que presenta actuaciones en vivo y ganadores semanales.

Melon (멜론 | me-lon)

- La plataforma de streaming de música en línea más grande de Corea del Sur, ampliamente utilizada para transmitir, descargar y descubrir K-pop y otros géneros. Melon es un actor clave en las listas de música digitales de Corea del Sur.
- Las clasificaciones de Melon Chart son cruciales para medir la popularidad y el impacto de un artista en Corea del Sur. Juega un papel importante en la determinación de los nominados y ganadores de programas musicales y ceremonias de premios. Incluye listas de reproducción curadas, recomendaciones y datos de streaming en tiempo real. Los usuarios pueden participar en las clasificaciones de las listas transmitiendo y descargando música.

Melon Music Awards (MMAs) (멜론 뮤직 어워드 | me-lon myu-jik eo-wo-jeu)

- Un evento anual de premiación organizado por *Melon*, una de las plataformas de *streaming* musical más grandes de Corea del Sur.

- Los premios se determinan en función de los datos de *streaming*, descargas digitales y votos de los fans.

Mnet Asian Music Awards (MAMA) (엠넷 아시안 뮤직 어워즈 | em-net a-si-an myu-jik eo-wo-jeu)

- Uno de los premios musicales anuales más grandes de Asia, organizado por Mnet, que celebra los logros en el K-pop y la música asiática. Conocido por sus actuaciones extravagantes y su alcance global.
- Establecido en 1999 y renombrado como *MAMA* en 2009. Premios como *Artista del Año* y *Álbum del Año* destacan los logros de la industria. Se ha celebrado en sedes internacionales como Hong Kong y Japón. La votación de los fans desempeña un papel clave en la determinación de los ganadores.

Music Bank (뮤직뱅크 | myu-jik-baeng-keu)

- Un popular programa musical semanal de Corea del Sur transmitido por KBS, donde los ídolos actúan y compiten por el primer lugar. Es uno de los cinco principales programas musicales del país.

Music Bank World Tour (뮤직뱅크 월드투어 | myu-jik-baeng-keu wol-deu tu-eo)

- Una serie de conciertos globales organizada por el programa musical semanal de KBS, *Music Bank*, que presenta presentaciones en vivo de los principales ídolos del K-pop para fans internacionales.
- Iniciado en 2011, ha llevado conciertos de K-pop a ciudades de todo el mundo, incluyendo París, Berlín, Estambul, Tokio, Ciudad de México, Río de Janeiro y Santiago. Combina actuaciones en vivo de canciones populares con segmentos que muestran la cultura coreana.

Presenta un cartel de ídolos y grupos que lideran las listas de éxitos.

Music Core (음악중심 | eu-mak jung-sim)

- Véase *Show! Music Core.*

Music Show (음악 방송 | eu-mak bang-song)

- Programas de televisión semanales en los que los ídolos del K-pop actúan y compiten por premios basados en votos en vivo, *streaming* y ventas de álbumes.
- Los principales programas incluyen *Inkigayo* (SBS), *Music Bank* (KBS), *M Countdown* (Mnet), *Show! Music Core* (MBC) y *The Show* (SBS MTV). Son una parte clave de las promociones en K-pop, con los fans votando y transmitiendo música para apoyar a sus ídolos.

Naver (네이버 | ne-i-beo)

- La principal plataforma en línea y motor de búsqueda de Corea del Sur, a menudo comparado con Google. *Naver* ofrece una amplia gama de servicios, incluyendo noticias, blogs, compras y plataformas de contenido digital, y desempeña un papel importante en la promoción del K-pop.
- **Características clave incluyen**:
  - *Naver VIBE*: Plataforma de *streaming* de música
  - *Naver NOW*: Servicio de transmisión en tiempo real con contenido de ídolos de K-pop
  - *Naver Blog & News*: Frecuentemente utilizado para actualizaciones y artículos sobre ídolos.

Oricon Chart (오리콘 차트 | o-ri-kon cha-teu)

- La lista musical oficial de Japón que rastrea las ventas de sencillos, álbumes y música digital. El equivalente japonés de *Billboard*.

Produce Series [Serie Produce] (프로듀스 시리즈 | peu-ro-dyu-seu si-ri-jeu)

- Una popular franquicia surcoreana de programas de supervivencia y telerrealidad donde aprendices e ídolos compiten por un lugar en grupos temporales, determinados por la votación del público. Producida por *CJ ENM*, una empresa surcoreana de entretenimiento y medios, y transmitida por Mnet, la serie tuvo una gran influencia en la formación de los ídolos de la cuarta generación del K-pop.
- **Temporadas**:
  - *Produce 101* (2016): Formó *I.O.I.*
  - *Produce 101 Season 2* (2017): Formó *Wanna One*.
  - *Produce 48* (2018): Una colaboración con *AKB48* de Japón, formando *IZONE**.
  - *Produce X 101* (2019): Formó *X1*.
- **Nota**: La serie inspiró *spin-offs* como *Idol School* (*fromis_9*) y adaptaciones internacionales como *Produce 101 Japan* (*JO1*, *INI*) y *Produce Camp* en China (*R1SE*, *INTO1*). Popularizó el concepto de *"one pick"* (원픽 | *won-pik*), donde los fans votaban por su concursante favorito. Sin embargo, la serie enfrentó controversias debido a escándalos de manipulación de votos, lo que llevó a su suspensión definitiva.

Rookie of the Year [Novato del Año] (신인상 | shin-in-sang)

- Un premio otorgado al mejor nuevo artista o grupo que debutó dentro del año.
- La mayoría de los principales shows de premios musicales en Corea tienen una categoría de Novato del Año, reconociendo el talento emergente y marcando un hito importante en la carrera de un artista.

- Los prestigiosos shows de premios que presentan este premio incluyen: *Mnet Asian Music Awards* (MAMA), **Melon Music Awards** (MMA), *Golden Disc Awards* (GDA), *Seoul Music Awards* (SMA), *Asia Artist Awards* (AAA) y los *Circle Chart Music Awards* (anteriormente conocidos como *Gaon Chart Music Awards*).

Running Man (런닝맨 | reon-ning maen)

- Un programa de variedades surcoreano de larga duración que presenta a celebridades invitadas y miembros del elenco compitiendo en juegos, misiones y desafíos con elementos cómicos y emocionantes. Se ha convertido en un fenómeno cultural tanto en Corea como a nivel internacional.
- Frecuentemente presenta idols de K-pop como invitados, ayudándoles a mostrar sus personalidades y conectar con los fans. Los episodios especiales se enfocan en promocionar los regresos o grupos de los idols.
- Las versiones subtituladas son ampliamente vistas por fans internacionales, contribuyendo a la expansión del Hallyu (la Ola Coreana).

Seoul Music Awards (SMAs) (서울가요대상 | seo-ul ga-yo dae-sang)

- Un prestigioso premio anual que considera ventas, votos de fans y evaluación de expertos, combinando popularidad con reconocimiento de la industria.

The Show (더쇼 | deo syo)

- Un programa musical semanal transmitido por SBS MTV, donde los artistas se presentan y ganan premios basados en la votación de los fans y el streaming.

Show Champion (쇼 챔피언 | syo chaem-pi-eon)

- Un programa musical de MBC M que otorga el primer lugar a la canción más popular de la semana.

Show! Music Core (쇼! 음악중심 | syo! eu-mak jung-sim)

- Un programa musical semanal transmitido por MBC que presenta presentaciones en vivo y un sistema de clasificación basado en listas. Ganar en *Music Core* se considera un logro significativo, ya que su sistema de clasificación toma en cuenta ventas digitales, ventas de álbumes, vistas de videos y votación en vivo.
- El programa es conocido por su dinámica dirección de cámaras, diseños de escenarios vibrantes y escenarios temáticos especiales, lo que hace que las presentaciones sean visualmente atractivas.
- A diferencia de algunos programas musicales, *Music Core* ha experimentado múltiples cambios de formato, en ocasiones eliminando su sistema de clasificación antes de reinstaurarlo debido a la demanda de los fans.
- **Nota:** *Music Core* tiene una historia de populares MCs idols, con muchas parejas queridas que se han convertido en favoritas de los fans a lo largo de los años.

Studio Choom (스튜디오 춤 | seu-tyu-di-o chum)

- Un popular canal y plataforma de YouTube que se especializa en videos de alta calidad enfocados en la danza de idols y grupos de K-pop.
- Conocido por sus configuraciones limpias y minimalistas y su trabajo profesional de cámaras, Studio Choom destaca la precisión y la creatividad de la coreografía de K-pop.

Superstar K (슈퍼스타 K | syu-peo-seu-ta ke-i)

- Un programa de competencia de talentos surcoreano de gran popularidad que se emitió en Mnet desde 2009 hasta

2016, con el objetivo de descubrir cantantes talentosos y brindarles una plataforma para lanzar sus carreras. A menudo se compara con programas como *American Idol*.

- Aunque no se centraba en la formación de grupos de K-pop tradicionales, muchos concursantes luego se convirtieron en ídolos o figuras destacadas en la industria del K-pop.

Survival Show [Programa de supervivencia] (서바이벌 쇼 | seo-ba-i-beol syo)

- Un programa de telerrealidad competitivo donde aprendices o concursantes compiten por la oportunidad de debutar como ídolos.
- **Ejemplo**: *Produce 101* es un *survival show* que formó grupos exitosos como *I.O.I* y *Wanna One*.

V Live (브이 라이브 | beu-i ra-i-beu)

- Una popular aplicación de transmisión en vivo donde los ídolos del K-pop interactuaban con los fans en tiempo real. (*V Live* fue completamente integrado en la plataforma *Weverse* a finales de 2022).

Yeneung (예능 | ye-neung)

- Abreviatura de *Yeneung Program*, que significa "entretenimiento de variedades". Se refiere a programas de variedades o entretenimiento que incluyen humor, juegos, entrevistas y segmentos ligeros.
- **Importancia en el K-pop**: Programas como *Running Man*, *Knowing Bros* y *Weekly Idol* son ejemplos populares de *yeneung*, donde los ídolos promocionan sus *comebacks* y muestran su personalidad. Las apariciones en *yeneung* pueden aumentar la visibilidad y la base de fans de un ídolo, ya que les brinda una plataforma para exhibir su humor, talentos o habilidades ocultas.

CAPÍTULO 4

PALABRAS Y FRASES EN COREANO

EXPRESIONES, JERGA Y LENGUAJE COTIDIANO EN LOS DISCURSOS DE LOS ÍDOLOS Y LAS LETRAS DE CANCIONES

Nota sobre los pronombres en coreano

En coreano, los pronombres — como se muestra en la tabla a continuación — se usan con muchísima menos frecuencia que en inglés. En el habla natural, a menudo se omiten cuando el sujeto es claro por el contexto. En su lugar, los coreanos suelen utilizar nombres, títulos o significado implícito.

		Informal/Casual	Formal/Respetuoso
Primera persona singular	yo	나 (na)	저 (jeo)
Primera persona plural	nosotros	우리 (uri)	저희 (jeo-hui)
Segunda persona singular	tú	너 (neo)	당신 (dangsin)
Segunda persona plural	ustedes	너희 (neo-hui)	---
Tercera persona singular	él/ella	그 (geu)/그녀 (geu-nyeo)	
Tercera persona plural	ellos	그들 (geu-deul)	

-a / -ya (-아 / -야 -a / -ya)

- Sufijos informales añadidos a los nombres cuando se dirige a alguien directamente de manera amistosa o afectuosa. Se usan típicamente entre amigos cercanos, familiares o compañeros.

- **Ejemplo de uso**: 태형 (Tae-hyung) → 태형아 (Tae-hyung-a); 지수 (Ji-soo) → 지수야 (Ji-soo-ya).
- **Nota**: -아 (-a) se añade a los nombres que terminan en consonante, mientras que -야 (-ya) se añade a los nombres que terminan en vocal. Se usa cuando el hablante intenta llamar la atención de la persona, como diciendo "¡Oye, fulano!".
- Véase también -i.

A Nwa (아 놔 | a nwa)

- Expresión de jerga usada para expresar leve frustración, *molestia o exasperación. Es una forma abreviada* de "아, 놔둬" (ah, nwa-dwo), que se traduce libremente como "Oh, déjalo" o "Oh, para".
- **Ejemplo de uso**: "아 놔, 진짜!" (A Nwa, Jinjja!) – "¡Oh, en serio!"

Aigo / Aigu o Aigoo (아이고 | a-i-go / 아이구 | a-i-gu)

- Una exclamación versátil utilizada para expresar emociones como frustración, simpatía, agotamiento o sorpresa. Similar a "Oh, querido", "Oh, Dios" o "Dios mío" en inglés.
- 아이고 (a-i-go) es la forma estándar, mientras que 아이구 (a-i-gu) es una variación más casual y suave.
- Expresa una gama de emociones dependiendo del tono y el contexto:
  - *Frustración*: 아이고, 엉망이야! (a-i-go, eong-mang-i-ya!) – *"¡Aigo, qué desastre!"*
  - *Simpatía*: 아이구, 힘들겠다. (a-i-gu, him-deul-get-da.) – *"¡Aigoo, eso debe ser difícil!"*
  - *Agotamiento*: 아이고, 피곤해. (a-i-go, pi-go-hae.) – *"¡Aigo, estoy tan cansado!"*

- *Sorpresa:* 아이구, 많이 컸네! (a-i-gu, man-i keon-ne!) – *"¡Aigoo, has crecido tanto!"*

Aish/Aishi (아이씨 | a-i-ssi)

- Una exclamación común que expresa frustración leve, molestia o irritación. Es similar a "Ugh", "Maldito" o "¡Rayos!" en inglés. Aunque generalmente se acorta como *Aish*, a veces se pronuncia *Aishi* con una 'i' alargada para expresar una frustración más fuerte o prolongada.
- **Ejemplo de uso:**
  - "아이씨, 잃어버렸네." (a-i-shi, ilh-eo-beo-ryeot-ne.) – *"¡Ugh, lo perdí!"*
  - "아이씨, 아파!" (a-i-shi, a-pa!) – *"¡Maldito, eso duele!"*

Aja! (아자! | a-ja)

- Véase *Fighting!*

Ajumma (아줌마 | a-jum-ma)

- Un término para mujeres de mediana edad o casadas, a menudo traducido como "tía" pero utilizado de manera más amplia.
- Se refiere a mujeres en sus 40s-60s, a menudo en roles comunitarios o domésticos. Puede sonar despectivo; alternativas más corteses incluyen 아줌머니 (ajumeoni) o 이모 (imo).
- Estereotípicamente asociado con ropa práctica, cabello permanente y comportamiento asertivo en espacios públicos.

Ajusshi (아저씨 | a-jeo-ssi)

- Un término para hombres de mediana edad o mayores, a menudo traducido como "señor" o "tío".

- Se usa para dirigirse a hombres, generalmente de entre 40 y 60 años o mayores, que son extraños o no están estrechamente relacionados. Se considera respetuoso pero neutral; puede sonar descortés si se usa para hombres más jóvenes.
- Asociado con figuras de autoridad o paternales en roles tradicionales. Estereotípicamente visto como práctico, directo o, en ocasiones, terco en su comportamiento.

Akpeul (악플 | ak-peul)

- Término que combina 악 (*ak*), que significa "malo" o "maligno", y 플 (*peul*), abreviatura de "reply" (del inglés). Se refiere a comentarios tóxicos o hirientes publicados en redes sociales, foros u otras plataformas en línea.
- **Nota**: *Akpeul* es un problema grave en Corea, con gran concienciación pública debido a su impacto en la salud mental y a incidentes de alto perfil que han involucrado a celebridades.

Akpeuler (악플러 | ak-peul-leo)

- Jerga para referirse a los *trolls* de internet o *cyberbullies* que difunden negatividad en plataformas en línea, es decir, aquellos que participan en la práctica del *akpeul*.
- Combina 악플 (*akpeul*), que significa "comentario malicioso", con -러 (*-leo*), un sufijo tomado del inglés "-er" para describir a alguien que realiza una acción.

Annyeong! (안녕! | an-nyeong!)

- "¡Hola!" o "¡Adiós!" (informal); el equivalente coreano de "¡Ciao!".

Annyeonghaseyo (안녕하세요 | an-nyeong-ha-se-yo)

- "Hola" (formal).

Andwae (안돼 | an-dwae)

- Exclamación que significa "¡No!" o "¡No puede ser!" (informal). Se usa con frecuencia para expresar un fuerte desacuerdo, negativa o incredulidad.
- **Ejemplo de uso**:
  - "안돼! 하지 마!" (*Andwae! Haji ma!*) – "¡No! ¡No lo hagas!"
  - "안돼! 믿을 수 없어!" (*Andwae! Mideul su eopseo!*) – "¡No puede ser! ¡No me lo creo!"

Anieyo (아니에요 | a-ni-e-yo)

- "No es nada", con el significado de "De nada" (formal).
- La forma informal es 아니 (*a-ni*).

Apa (아파 | a-pa)

- "Duele" o "Me duele" (informal).

Appa (아빠 | a-ppa)

- Término informal para "padre", usado de manera similar a "papá".
- **Término relacionado**: 아버지 (a-beo-ji) — más formal, "padre".

Assa (아싸 | a-ssa)

- Una exclamación que expresa emoción, alegría o triunfo. Similar a "¡Yay!" o "¡Increíble!" en inglés.
- **Ejemplo de uso**: "아싸, 내가 이겼다!" (a-ssa, nae-ga i-gyeot-da!) – "¡Sí, gané!"

Babo (바보 | ba-bo)

- Palabra que significa "tonto" o "idiota". Puede usarse de manera juguetona entre amigos o de forma más dura según el tono y el contexto.

Baegopa (배고파 | bae-go-pa)

- Expresión que significa "Tengo hambre" (informal). Es la forma coloquial de expresar hambre.

Bap (밥 | bap)

- Palabra para "arroz", pero en la cultura coreana también se usa para referirse a una "comida" en general.

Bbuing Bbuing (뿌잉뿌잉 | bbu-ing bbu-ing)

- Expresión juguetona utilizada para actuar de manera linda o adorable, a menudo acompañada de gestos específicos como puños cerrados cerca de las mejillas y una expresión de puchero. Se usa comúnmente en el contexto del *aegyo*, un estilo coreano de expresar ternura para encantar o ablandar el corazón de alguien.
- **Ejemplo de uso**: "오빠~ 뿌잉뿌잉!" (*Oppa~ bbuing bbuing!*) – "¡Oppa, *bbuing bbuing*!"

Bepeu (베프 / be-peu)

- Término de jerga que significa "mejor amigo", derivado de la frase en inglés *best friend* y abreviado para un uso casual. (Recuerda que en coreano no existe la "f").

Bogoshipo (보고싶어 | bo-go-ship-eo)

- Expresión que significa "Te extraño" o "Te echo de menos" (informal).
- Expresa anhelo o el deseo de ver a alguien.

Bungeo-ppang (붕어빵 | bung-eo-ppang)

- Un panecillo en forma de pez relleno de pasta dulce de frijol rojo, crema pastelera u otros rellenos. Similar al *taiyaki* japonés, el *bungeo-ppang* es un popular bocadillo callejero de invierno en Corea, comúnmente vendido por vendedores ambulantes.
- El nombre proviene de *bungeo* (붕어, "carpín") y *ppang* (빵, "pan").
- **Nota**: En el K-pop y en conversaciones cotidianas, el término también se usa metafóricamente para describir a dos personas que se parecen mucho, como ídolos que tienen un gran parecido con sus familiares o compañeros de grupo.

Cheongchun (청춘 | cheong-chun)

- "Juventud"
- A menudo aparece en las letras de canciones, 청춘 se compone de 청 ("azul/verde") y 춘 ("primavera").
- **Nota:** Esta palabra tiene una connotación especial que no tiene una traducción exacta en inglés. Se refiere al período de la vida desde la adolescencia hasta la juventud adulta, caracterizado por la pasión desenfrenada, el crecimiento y la pureza del alma; se representa como un tiempo de exploración y autodescubrimiento, y se celebra por su belleza fugaz y sus infinitas posibilidades.

Cheotsarang (첫사랑 | cheot sa-rang)

- Un término que significa "primer amor". Se refiere a la primera experiencia romántica de una persona o a la persona que es el objeto de ese amor.
- **Nota:** Otro tema común en la cultura coreana, el "primer amor" a menudo se idealiza como una experiencia pura e inolvidable.

Chimaek (치맥 | chi-maek)

- Abreviatura de *chicken* (pollo) + *maekju* (cerveza).
- Popularizado en K-dramas como *My Love from the Star*, esta expresión representa la clásica combinación coreana de pollo frito con cerveza. No es solo una combinación de comida, sino también un símbolo de reuniones sociales informales y momentos de relajación.

Chingu (친구 | chin-gu)

- "Amigo/a," típicamente alguien de la misma edad o nacido en el mismo año en la cultura coreana.
- **Ejemplo de uso:** "우리는 같은 나이니까 친구야!" (uri-neun gat-eun na-i-ni-kka chin-gu-ya!) – "*¡Como tenemos la misma edad, somos amigos!*"
- **Nota:** Mientras que los fans internacionales pueden usar "chingu" para referirse a "amigo/a" en un sentido general, los hablantes nativos suelen reservar la palabra para compañeros de la misma edad. Al referirse a amigos mayores o menores, los coreanos suelen usar *hyung/noona/oppa/unnie* para los amigos mayores y *dongsaeng/namdongsaeng/yeodongsaeng* para los amigos menores.

Daebak (대박 | dae-bak)

- Término de jerga que significa "increíble", "asombroso" o "gran éxito". También puede expresar sorpresa, emoción o impacto, similar a "¡guau!" o "épico" en español.
- Ejemplo de uso: "대박! 진짜 좋다!" (*Daebak, jinjja jota!*) – "¡Guau! ¡Eso es genial!"

Dak Cheo (닥처 | dak-chyeo)

- Una forma brusca y grosera de decir "¡Cállate!" Sin embargo, los idols a menudo usan esta frase entre ellos de

manera juguetona y en tono de broma, mostrando familiaridad y diversión de buena voluntad.
- Esta frase se considera grosera y debe usarse con precaución, similar a su equivalente en inglés.
- **Nota:** 입 닥쳐 (ip dak-chyeo) es una versión aún más fuerte, que literalmente significa "¡Cierra tu boca!"

Dongsaeng (동생 | dong-saeng)

- Hermano/a menor; amigo/a menor. Un término general utilizado para referirse a alguien más joven, sin importar el género. Aunque técnicamente significa *hermano/a menor*, los coreanos también usan *dongsaeng* para referirse a amigos menores cercanos, incluso si no son familiares.
- **Nota:** A diferencia de *hyung, noona, oppa* o *unnie, dongsaeng* no se usa para dirigirse directamente a alguien. En su lugar, las personas suelen llamar a sus amigos menores por su nombre, a veces agregando *-ah* o *-ya* (por ejemplo, *Jisoo-ya!*).
- Ver también *Namdongsaeng* y *Yeodongsaeng*.

Eohyoo (어휴 | eo-hyoo)

- Una interjección que expresa frustración, agotamiento o incredulidad, similar a "Ugh", "Oh Dios" o "¡Qué horror!" en inglés.
- **Ejemplo de uso:** "어휴, 말도 안 돼!" (eo-hyoo, mal-do an dwae!) – "¡Ugh, eso no tiene sentido!"

Eomma (엄마 | eom-ma)

- A casual and affectionate term for "mom" or "mother." It is commonly used in informal settings by children or when referring to one's mother in a warm or loving way.
- **Related Term**: 어머니 (eo-meo-ni) —more formal, "mother."

Eoseo Oseyo (어서 오세요 | eo-seo o-se-yo)

- Frase educada que significa "Bienvenido" o "Por favor, pase". Se usa frecuentemente para recibir cálidamente a invitados o clientes.

Eottokae (어떻게 | eo-tteo-ke)

- Una palabra que significa "¿Cómo?" o "¿Qué debo hacer?" Se usa para preguntar sobre métodos, expresar preocupación o mostrar impotencia.
- **Ejemplo de uso:** "어떻게 해?!" (eo-tteo-ke hae?!) – "¿¡Qué debo hacer?!"

Fighting! (화이팅 | hwa-i-ting)

- Expresión de ánimo o apoyo, similar a "¡Tú puedes!" o "¡Ánimo!". Se usa para motivar a alguien o mostrar apoyo antes de un desafío.
- Se emplea frecuentemente en la vida cotidiana, eventos deportivos y por los fans para animar a sus ídolos o equipos. 아자 (a-ja) es otra frase motivacional que se usa de manera intercambiable, aunque con un tono ligeramente más ligero o tierno.
- **Nota:** Recuerda que en coreano no existe la "f".

Gachi Gaja (같이 가자 | ga-chi ga-ja)

- "Vayamos juntos" o "Vamos juntos" (informal).

Gaji Ma (가지 마 | ga-ji ma)

- Frase que significa "No te vayas" o "No te vayas, por favor" (informal). Se usa para pedir o suplicar a alguien que no se marche.

Gamsahamnida (감사합니다 | gam-sa-ham-ni-da)

- "Gracias" (formal/educado).
- Véase *gomawo*.

Gangnam (강남 | gang-nam)

- Ver "Gangnam Style" en el Capítulo 1.

Gawi Bawi Bo (가위 바위 보 | ga-wi ba-wi bo)

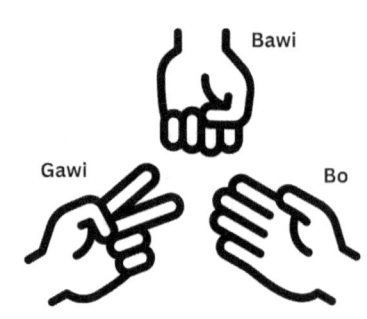

- El juego de "piedra, papel o tijera" (pero en un orden diferente), utilizado para resolver disputas, asignar roles o tomar decisiones de manera rápida y justa.
- **Nota**: La frase "안 내면 진거" (*an nae-myeon jin-geo*) se canta comúnmente antes de decir "가위 바위 보!" (*gawi bawi bo!*) para iniciar el juego. Se traduce como "Si no lo sacas, pierdes" y marca el ritmo para que los participantes revelen sus gestos de mano simultáneamente.

Geurae (그래 | geu-rae)

- Una palabra versátil que significa "Está bien", "Sí", "Es correcto" o "Bueno", dependiendo del contexto. Se usa frecuentemente en conversación para estar de acuerdo, confirmar, reconocer o hacer una transición en la conversación.
- **Ejemplo de uso:**
  - "너 이 노래 좋아해?" / "그래, 진짜 좋아." (neo i no-rae jo-a-hae? / geu-rae, jin-jja jo-a.) – "*¿Te gusta esta canción?*" / "*Sí, realmente me gusta.*"
  - "그래? 몰랐어!" (geu-rae? mol-lass-eo!) – "*¿De verdad? ¡No lo sabía!*"
  - "시간 없으니까 빨리 가자." / "그래, 알겠어." (si-gan eops-eu-ni-kka ppal-li ga-ja. / geur-ae, al-gess-eo.) –

"No tenemos tiempo, así que vamos rápido." | "Está bien, lo entiendo."
- "그래도 넌 잘했어." (geu-rae-do neon jal-haess-eo.) – *"Aun así, lo hiciste bien."*
- "그래, 내가 해볼게." (geu-rae, nae-ga hae-bol-ge.) – *"Está bien, lo intentaré."*

Gomawo (고마워 | go-ma-wo)

- "Gracias" (informal).
- Véase *gamsahamnida*.

Haeoe (해외 | hae-oe)

- Término que significa "en el extranjero" o "internacional", a menudo utilizado para referirse a lugares, actividades o personas fuera de Corea.
- **Ejemplo de uso**:
  - "해외 팬" (*hae-oe paen*) — "fans internacionales".
  - "해외 로케" (*hae-oe lo-ke*) – "locación en el extranjero" o "rodaje internacional", término comúnmente usado en la industria del entretenimiento para referirse a filmaciones o producciones en el exterior.

Haek (핵 | haek)

- Término de jerga que literalmente significa "nuclear" o "núcleo", pero que coloquialmente se usa para enfatizar algo de manera extrema, similar a "súper" o "muy" en español.
- **Ejemplo de uso**: "핵 맛있어!" (*haek mas-iss-eo!*) – "¡Súper delicioso!"

Haengbokhae! (행복해 | haeng-bok-hae)

- "¡Estoy feliz!" o "¡Estoy contento!" (informal).

Hajima (하지마 | ha-ji-ma)

- Frase que significa "No lo hagas" o "Detente" (informal). Es una combinación de 하지 (haji), que significa "Hazlo", y 마 (ma), una forma negativa imperativa que significa "No".

Hal Su Isseo (할 수 있어 | hal su iss-eo)

- "Yo/nosotros/tú puedes hacerlo" o "Es posible." Se usa para expresar habilidad, capacidad o ánimo.
- **Ejemplo de uso:**
  - "우리 데뷔할 수 있어!" (u-ri de-bwi hal su iss-eo!) – *"¡Podemos debutar!"*
  - "넌 할 수 있어!" (neon hal su iss-eo!) – *"¡Tú puedes hacerlo!"*
  - "할 수 있어? / 응, 할 수 있어." (hal su iss-eo? / eung, hal su iss-eo.) – *"¿Puedes hacerlo?" / "Sí, puedo."*
  - "조금만 더 하면 할 수 있어." (jo-geum-man deo ha-myeon hal su iss-eo.) – *"Si intentas un poco más, puedes hacerlo."*
  - "걱정 마, 다 잘할 수 있어." (geok-jeong ma, da jal-hal su iss-eo.) – *"No te preocupes, todos podemos hacerlo bien."*

Hanbok (한복 | han-bok)

- Vestimenta tradicional coreana caracterizada por sus colores vibrantes, líneas simples y diseño elegante. Hoy en día, se usa en ocasiones especiales, festividades o celebraciones.
- **Componentes incluyen**:
  - *Jeogori* (저고리): La chaqueta tanto para hombres como para mujeres.
  - *Baji* (바지): Los pantalones para hombres.
  - *Chima* (치마): La falda para mujeres.

Ejemplos de Hanbok

  o Accesorios: Incluyen elementos como adornos para el
    cabello (para mujeres) y cinturones o chalecos.

Hanguk (한국 | han-guk)

- La palabra para Corea del Sur en coreano, que significa "el
  país de Han".
- **Términos relacionados:**
  o 조선 (jo-seon) – Un término más antiguo
    históricamente usado para referirse a Corea, aún
    asociado con Corea del Norte, que oficialmente se
    llama 조선민주주의인민공화국 (jo-seon min-ju-ju-ui
    in-min gong-hwa-guk).
  o 한국어 (han-guk-eo) – "Idioma coreano" en coreano.
  o 한국인 (han-guk-in) o 한국 사람 (han-guk sa-ram) –
    Una persona coreana o el pueblo coreano. El primer
    término es más formal y el segundo es más casual.
  o 한국 음식 (han-guk eum-sik) – "Comida coreana".
  o 한식 (han-sik) – "Cocina coreana" (utilizado en
    restaurantes).

Hangul (한글 | han-geul)

- El alfabeto coreano, creado en 1443 durante el reinado del
  rey Sejong el Grande. Es el sistema de escritura principal
  del idioma coreano y es conocido por su diseño científico
  y lógico.
- **Término relacionado**: *Hangul Day* (한글날 / *han-gul-nal*)
  — Celebrado el 9 de octubre en Corea del Sur para
  conmemorar la invención del *Hangul*.

Hyung (형 | hyeong)

- Término informal que significa "hermano mayor",
  utilizado por un hombre para dirigirse o referirse a un
  hermano mayor o a un amigo cercano de mayor edad.

- **Término relacionado**: 형님 (*hyeong-nim*) – Una versión respetuosa y formal de *hyeong*.
- Véase también *Oppa, Noona* y *Unnie*. (Ver ilustración bajo *Unnie* en el Capítulo 1).

-i (-이 | -i)

- Este sufijo se añade a los nombres que terminan en consonante para darles un tono más afectuoso o familiar. Se usa comúnmente en entornos casuales e informales, particularmente entre amigos cercanos, familiares o personas más jóvenes.
- **Ejemplo de uso**: 지민 → 지민이 (*Jimin* → *Jimini*).

Ibyeol (이별 | i-byeol)

- "Ruptura" o "separación". Se refiere a la despedida entre personas, ya sea el fin de una relación o el acto de decir adiós.

Ilbon (일본 | il-bon)

- La palabra coreana para "Japón".
- **Términos relacionados:**
  - 일본어 (Il-bon-eo) – "Japonés (idioma)"
  - 일본인 (Il-bon-in) o 일본 사람 (il-bon sa-ram) – "Japonés (persona)"; el primer término es más formal y el segundo más casual.
  - 일본 음식 (il-bon eum-sik) – "Comida japonesa"
  - 일식 (il-sik) – "Cocina japonesa" (utilizado en restaurantes).

Inki (인기 | in-ki)

- "Popularidad" o "fama."
- **Ejemplo de uso**: 인기곡 (in-gi-gok) – *canciones populares*.

Ja (자 | ja)

- Una palabra versátil en coreano que puede significar "vamos", "vamos a" o "ahora" dependiendo del contexto.
- A menudo se usa para iniciar una acción, animar a alguien o hacer la transición al siguiente tema en una conversación.
- **Ejemplo de uso:** "자, 시작!" (ja, si-jak!) – "*¡Vamos, empecemos!*"

Jageun Eolgul (작은 얼굴 | ja-geun eol-gul)

- "Cara pequeña". Un rasgo de belleza muy valorado en Corea y en Asia en general, que se refiere a un rostro proporcionalmente más pequeño en relación con la altura de la persona en comparación con el promedio asiático.
- A los ídolos se les suele elogiar por tener una "cara pequeña" en interacciones con fans o apariciones en los medios.
- **Nota:** Esta característica se considera tan atractiva y deseable que algunas personas llegan a someterse a cirugía plástica, como la reducción de mandíbula o el contorno facial, para lograr la apariencia de un rostro más pequeño.

Jageop (작업 | jak-eop)

- En la jerga, se refiere al acto de coquetear o ligar con alguien, aunque literalmente significa "trabajo" o "tarea".

Jal (잘 | jal)

- Un adverbio que significa "bien", "adecuadamente" o "cuidadosamente". Se usa a menudo para modificar verbos y expresar que algo se hace con éxito, habilidad o atención.

Jal Butak Deurimnida (잘 부탁드립니다 | jal bu-tak deu-rim-ni-da)

- Frase que significa "Le pido humildemente su favor" o "Por favor, cuídeme bien". Expresa humildad y se usa a menudo para solicitar apoyo, cooperación o buena voluntad.
- Los ídolos la utilizan para mantener una conexión respetuosa con sus fans, especialmente durante conciertos, reuniones de fans o transmisiones en vivo.
- **Términos relacionados**:
  - 잘 부탁해요 (*jal bu-tak-hae-yo*) — "Por favor, cuídeme bien" (educado); se usa en situaciones amistosas pero respetuosas.
  - 잘 부탁해 (*jal bu-tak-hae*) — "Cuídame bien" (informal); se usa entre compañeros o amigos cercanos.

Jal Ga (잘 가 | jal ga)

- Frase casual que significa "Adiós" o "Cuídate". Se dice típicamente a alguien que se va, por parte de la persona que se queda.

Jal Isseo (잘 있어 | jal iss-eo)

- Frase casual que significa "Quédate bien" o "Cuídate". Se usa típicamente cuando alguien se va y se dirige a la persona que se queda.

Jal Meogeosseo (잘 먹었어 | jal meog-eoss-eo)

- Forma informal de "Comí bien", una frase que se dice al final de una comida.
- La forma educada es 잘 먹었어요 (*jal meog-eoss-eo-yo*).

Jal Meogeulge (잘 먹을게 | jal meog-eul-ge)

- "Comeré bien", una frase que se dice al comienzo de una comida (informal).
- La forma educada es 잘 먹겠어요 (*jal meok-gess-eo-yo*).

Jalsaenggyeosseo (잘생겼어 | jal-saeng-gyeoss-eo)

- "(Eres/Es) guapo" en lenguaje casual. Se usa para halagar la apariencia de alguien, típicamente un hombre.

Jalja (잘자 | jal-ja)

- Frase informal que significa "Buenas noches".

Jebal (제발 | je-bal)

- "Por favor", usado a menudo para hacer una petición fuerte o sentida.
- **Ejemplo de uso**: "제발 도와주세요!" (*je-bal do-wa-ju-se-yo!*) – "¡Por favor, ayúdame!"

Jeongmal (정말 | jeong-mal)

- Un término que significa "realmente", "verdaderamente" o "sinceramente"; un poco más formal y cortés que *jinjja*.
- **Ejemplo de uso**:
  - "정말 재능이 있어요" (jeong-mal jae-neung-i iss-eo-yo) – *"(Tú) realmente tienes talento" o "(Tú eres) muy talentoso/a."* (formal/cortés)
  - "정말 섹시해" (jeong-mal sek-si-hae) – *"Realmente eres sexy."* (informal)
  - "정말 고마워요" (jeong-mal go-ma-wo-yo) – *"Estoy realmente agradecido/a."* (formal/cortés)

Jinjja (진짜 | jin-jja)

- Palabra versátil que significa "de verdad", "realmente" o "en serio".

- **Ejemplo de uso**:
  - "진짜? 대박!" (jin-jja? dae-bak!) – "¿En serio? ¡Genial!"
  - "진짜 맛있어!" (jin-jja mas-iss-eo!) – "¡Está realmente delicioso!"

Jjajangmyeon (짜장면 | jja-jang-myeon)

- Un popular plato de fideos coreano-chino hecho con una sabrosa salsa de frijol negro, cerdo o mariscos y verduras.

Jjaksarang (짝사랑 | jjak sa-rang)

- "Amor unilateral" o "amor no correspondido." Se refiere a amar a alguien que no devuelve los mismos sentimientos.
- Un tema recurrente en las letras de K-pop y en los K-dramas, a menudo retratando el anhelo, el dolor y el crecimiento emocional.

Jjang (짱 | jjang)

- Término de jerga que significa "increíble", "lo mejor" o "asombroso".

Jjeoreo (쩔어 | jjeo-reo)

- Término de jerga que significa "ser increíble", "ser genial" o "ser impresionante". También puede implicar sentirse abrumado por algo grandioso o increíble.
- **Ejemplo de uso**: "그 춤 쩔어!" (*geu chum jjeo-reo!*) – "¡Ese baile es increíble!"
- **Nota**: El término ganó gran popularidad a través de la canción de BTS 쩔어 (*Dope*), donde transmite un sentido de orgullo por el trabajo duro, la determinación y el esfuerzo excepcional.

Joa (좋아 | jo-a)

- Palabra informal que significa "Me gusta" o "Está bien". Se usa para expresar aprobación o disfrute.
- **Ejemplo de uso**: "이 노래 진짜 좋아!" (*i no-rae jin-jja joa!*) – "¡Esta canción es realmente buena!"
- La forma educada es 좋아요 (*jo-a-yo*).

Junbi (준비 | jun-bi)

- Sustantivo que significa "preparación" o "estar listo".
- **Ejemplo de uso**: "준비 됐어?" (*jun-bi dwaess-eo?*) – "¿Estás listo?" (informal).

Junbi Dwaesseoyo (준비됐어요 | jun-bi-dwaess-eo-yo)

- Frase educada en coreano que significa "Estoy listo" o "¿Estás listo?" dependiendo del contexto. Indica preparación o disposición para una acción o evento.
- **Ejemplo de uso**: Durante los conciertos, los ídolos suelen decir al público…
  - "준비됐어요!" (*jun-bi dwaess-eo-yo!*) – "¡Estoy/Estamos listos!"
  - "준비됐어요?" (*jun-bi dwaess-eo-yo?*) – "¿Están listos?"

Kimbap (김밥 | kim-bap)

- Un plato popular coreano hecho al enrollar arroz (밥 | bap), verduras y otros ingredientes en algas secas (김 | gim) y cortarlo en trozos del tamaño de un bocado. A menudo se le llama "sushi coreano" en el extranjero, aunque su preparación y sabor son distintos del sushi japonés.

Kimbap

Kimchi (김치 | kim-chi)

- Un acompañamiento tradicional y distintivo de Corea hecho a base de verduras fermentadas, siendo el repollo napa y los rábanos los más comunes. Se condimenta con una variedad de especias e ingredientes como hojuelas de chile rojo, ajo, jengibre y salsa de pescado.

Konglish (콩글리쉬 | kong-geul-li-swi)

- Una mezcla de coreano e inglés, que se refiere a palabras o frases en inglés adoptadas al coreano con pronunciación, uso o significado alterados.
- **Ejemplos:**
    - 핸드폰 (haen-deu-pon) – "Teléfono móvil" (de "hand phone")
    - 눈팅 (nun-ting) – "Acecho" (literalmente "mirando," de 눈/ojos + -ting, un sufijo prestado de palabras en inglés como "meeting" o "chatting")
    - 셀카 (sel-ka) – "Selfie" de "self" y "camera."

Masisseo (맛있어 | mas-iss-eo)

- Forma informal de decir "Está delicioso" o "Tiene buen sabor".
- **Término relacionado:** 맛없어 (*mat-eops-eo*), que significa "No tiene buen sabor" o "No es rico".

Mianhae (미안해 | mi-an-hae)

- Forma casual de decir "Lo siento" en coreano, usada en contextos informales entre amigos, familiares o compañeros.
- La versión educada es 미안해요 (*mi-an-hae-yo*).

Michyeosseo (미쳤어 | mi-chyeoss-eo)

- Frase que significa "¿(Estás) loco?" o "(Estás) loco/a",

dependiendo del contexto. Puede usarse de manera seria o juguetona.
- **Ejemplo de uso**: "너 미쳤어?" (*neo mi-chyeoss-eo?*) – "¿Estás loco/a?"

Miguk (미국 | mi-guk)

- La palabra coreana para "América" o "Estados Unidos".
- La palabra 미국 proviene de los caracteres chinos 美國, que significan "país hermoso".
- **Términos relacionados**:
  - 북미 (*buk-mi*) – Norteamérica
  - 남미 (*nam-mi*) – Sudamérica
  - 미국인 (*mi-guk-in*) o 미국 사람 (*mi-guk sa-ram*) – Persona estadounidense; el primer término es más formal y el segundo más casual.

Minam (미남 | mi-nam)

- "Hombre guapo" o "chico bonito". Se usa para describir a un hombre atractivo con rasgos refinados o delicados.
- En la cultura coreana, un *minam* suele tener piel tersa, facciones simétricas y, a veces, una estética más suave o delicada, como se ve en muchos ídolos masculinos del K-pop.
- **Término relacionado**: 꽃미남 (*kkot-mi-nam*) – "Chico flor", que se refiere a un hombre con rasgos excepcionalmente hermosos y juveniles.

Minyeo (미녀 | mi-nyeo)

- "Mujer hermosa" o "belleza".
- **Ejemplo de uso**: "미녀와 야수" (*mi-nyeo-wa ya-su*) – "La Bella y la Bestia".

Molla (몰라 | mol-la)

- Frase casual que significa "No lo sé".
- La versión educada es 모르겠어요 (*mo-reu-gess-eo-yo*) y la versión formal es 모릅니다 (*mo-reum-ni-da*).

Namchin (남친 | nam-chin)

- Jerga coreana casual que significa "novio". Es una forma abreviada de 남자친구 (*nam-ja chin-gu*), que literalmente se traduce como "amigo masculino", pero se usa comúnmente para referirse a un novio.
- Véase también *yeochin*.

Namdongsaeng (남동생 | nam-dong-saeng)

- Un término utilizado para referirse a un "hermano menor" cuando se habla de él con otros. No se usa típicamente para dirigirse directamente o llamar a un hermano menor.
- Combinación de 남 (nam, "masculino") y 동생 (dong-saeng, "hermano menor").
- Ver también *Dongsaeng* y Yeodongsaeng. (Ver la ilustración bajo Yeodongsaeng.)

Neom (넘 | neom)

- Término de jerga casual que significa "muy" o "demasiado", usado a menudo para intensificar un adjetivo o emoción. Es una versión abreviada e informal de 너무 (*neo-mu*).
- **Ejemplo de uso**: "넘 좋아!" (*neom joa!*) – "¡Me gusta mucho!"

Nochul (노출 | no-chul)

- Palabra que significa "exposición" o "revelación", comúnmente usada para referirse a la exposición de piel, ropa reveladora o incluso a la divulgación de información.

- **Ejemplo de uso**: "노출이 심해." (*no-chul-i sim-hae.*) – "La exposición de piel es excesiva."

Nongdamiya! (농담이야 | nong-dam-i-ya)

- "¡Es broma!" o "¡Estoy bromeando!".

Noona (누나 | nu-na)

- Término usado por un hombre para dirigirse de manera respetuosa y afectuosa a una hermana mayor o a una mujer mayor con la que tiene confianza, como una amiga cercana.
- Véase también *Hyeong*, *Oppa* y *Unnie*. (Ver ilustración bajo *Unnie* en el Capítulo 1).

Oppa (오빠 | o-ppa)

- "Hermano mayor", usado por una mujer más joven para dirigirse a un hermano mayor o a un amigo cercano de más edad. También puede tener connotaciones afectivas o románticas según el contexto.
- En el K-pop, el término ha evolucionado hasta convertirse en una jerga utilizada por los fans para expresar cariño por los ídolos masculinos sin importar la edad.
- Véase también *Hyeong*, *Noona* y *Unnie*. (Ver ilustración bajo *Unnie* en el Capítulo 1).

PC Bang (피씨방 | pi-ssi bang)

- "Sala de PC," refiriéndose a cafés de internet donde las personas pueden alquilar tiempo en computadoras de alto rendimiento, generalmente para jugar videojuegos, navegar por internet o socializar.
- El concepto se originó a fines de la década de 1990 durante el auge de internet en Corea y sigue siendo una parte integral de su cultura de videojuegos.

- Estas plataformas también jugaron un papel importante en la popularización temprana del K-pop, sirviendo como un espacio donde los fans podían interactuar, compartir música y construir comunidades durante los primeros años del género.

Pigonhae (피곤해 | pi-gon-hae)

- Forma informal de decir "(Estoy/Está/Estamos) cansado/a", dependiendo del contexto.

Ppali Ppali (빨리 빨리 | ppal-li ppal-li)

- Una frase que significa "¡Apúrate!", "¡Rápido!" o "¡Chop, chop!", utilizada para enfatizar velocidad y urgencia.
- Ejemplo de uso:
  - "빨리 빨리 가자!" (ppal-li ppal-li ga-ja!) – *"¡Apúrate! ¡Vamos!"*
  - "빨리 빨리 먹어야 늦지 않아!" (ppal-li ppal-li meog-eo-ya neut-ji an-a!) – *"¡Tenemos que comer rápido para no llegar tarde!"*
  - "빨리 빨리 대답해!" (ppal-li ppal-li dae-dap-hae!) – *"¡Responde rápido!"*

Ppyong (뽕 | ppyong)

- Una expresión onomatopéyica juguetona usada para imitar un sonido de explosión, desaparición o movimiento repentino.
- A menudo asociada con ternura o ligereza, es comúnmente utilizada en textos, redes sociales y lenguaje casual.
- A veces se usa de manera humorística para decir adiós, como "¡puf!" o "¡Me voy!"
- **Ejemplo de uso:**
  - "그럼 나 간다, 뽕!" (geure-om na gan-da, ppyong!) – "Bueno, me voy, ¡puf!"

- "내가 선물을 준비했어! 뿅!" (nae-ga seon-mur-eul jun-bi-haess-eo! ppyong!) – "¡Preparé un regalo! ¡Tarán!"
- "갑자기 뿅 하고 사라졌어" (gap-ja-gi ppyong ha-go sa-ra-jyeoss-eo.) – "De repente desapareció, ¡puf!"

Rabokki (라볶이 | ra-bokk-i)

- Un plato de fusión coreano que combina 라면 (ra-myeon; fideos instantáneos) y 떡볶이 (tteok-bokk-i; pastel de arroz salteado picante). Es una popular comida callejera conocida por su textura masticable, su sabor picante y su carácter saciante.
- Ver también *Rameyon* y *Tteokbokki*.

Ramyeon (라면 | ra-myeon)

- Un plato de fideos instantáneos al estilo coreano, generalmente servido en un caldo caliente y picante. Las variaciones suelen incluir ingredientes adicionales como huevos, verduras, carne o queso para dar más sabor.
- A diferencia del *ramen* japonés o el equivalente chino, que generalmente se refiere a fideos frescos servidos en restaurantes, *ramyeon* específicamente significa fideos instantáneos en Corea. Aunque es similar al "instant ramen" japonés, el *ramyeon* coreano es a menudo más picante y tiene sabores fuertes como kimchi, *jjajang* (pasta de frijoles negros) y mariscos.
- **Nota:** El *ramyeon* no es solo un alimento popular, sino también un símbolo cultural que a menudo se menciona en los contextos de K-dramas y K-pop. Por ejemplo, la frase **"라면 먹고 갈래?"** (ra-myeon meok-go gal-lae?), que literalmente se traduce como "¿Quieres comer *ramyeon*?", se ha convertido en un eufemismo para invitar a alguien a quedarse o sugerir intenciones íntimas en la cultura pop coreana.

Saehae Bok Mani Badeuseyo (새해 복 많이 받으세요 | sae-hae bok ma-ni ba-deu-se-yo)

- Frase formal y educada que significa "Feliz Año Nuevo" o "Recibe muchas bendiciones en el nuevo año".
- La versión informal es 새해 복 많이 받아 (*sae-hae bok mani bada*), utilizada entre amigos o conocidos cercanos.

Saengil Chukhahaeyo (생일 축하해요 | saeng-il chuk-ha-hae-yo)

- Frase educada que significa "Feliz cumpleaños". Se usa comúnmente para desear un feliz cumpleaños de manera respetuosa pero semiformal.
- Forma informal: 생일 축하해 (*saeng-il chuk-ha-hae*).

Saranghae (사랑해 | sa-rang-hae)

- "Te amo". Es una forma informal de expresar amor o afecto a alguien cercano, como un familiar, amigo o pareja romántica.

Sbuck (스벅 | sseu-beok)

- Término de jerga para referirse a *Starbucks*. Es una forma abreviada y casual de mencionar la cadena de café global.

Selca (셀카 | sel-ka)

- Ver Selca en el Capítulo 1.

Seonghyeong (성형 | seong-hyeong)

- Término para la cirugía plástica, que abarca tanto procedimientos cosméticos como reconstructivos. Es ampliamente aceptada y común en Corea del Sur.

- **Nota**: Corea del Sur es conocida por su avanzada industria de cirugía plástica y su énfasis cultural en la apariencia.
- **Términos relacionados**:
  - 미용 성형 (*mi-yong seong-hyeong*) — "cirugía estética".
  - 쌍꺼풀 수술 (*ssang-kkeo-pul su-sul*) — cirugía de doble párpado.
  - 코 성형 (*ko seong-hyeong*) — rinoplastia / cirugía de nariz.
  - 턱 성형 (*teok seong-hyeong*) — contorno de mandíbula.
- Véase también *sisul*.

Seupeineo (스페인어 | seu-pe-in-eo)

- El idioma español.

Sihwa Nya? (시화나? | si-hwa-nya?)

- Frase casual o de jerga que significa "¿Me estás tomando el pelo?" o "¿Es una broma?", dependiendo del tono y contexto.

Sisul (시술 | si-sul)

- Término que significa "procedimiento" o "tratamiento", utilizado a menudo en el contexto de mejoras cosméticas o médicas.
- **Nota**: Corea del Sur es un centro global para los tratamientos estéticos, y 시술 es un término común en clínicas de belleza y dermatología.
- **Término relacionado**: 피부과 (*pi-bu-gwa*) — "Clínica de dermatología", donde se realizan muchos 시술.
- Véase también *seonghyeong*.

Skinship (스킨십 | seu-kin-ship)

- Término *Konglish* (*Korean-English*) que se refiere al contacto físico o la demostración de afecto entre personas, como abrazos, tomarse de la mano o toques casuales. Se usa a menudo para describir la cercanía física no romántica o platónica, pero también puede aplicarse a relaciones románticas.

- **Nota**: En Corea, el *skinship* puede ser más frecuente en amistades del mismo género en comparación con algunas culturas occidentales, reflejando cercanía más que romanticismo.

Soondae (순대 | sun-dae)

- Morcilla tradicional coreana hecha rellenando intestinos de cerdo con una mezcla de arroz glutinoso, fideos de celofán y sangre de cerdo. Se sirve comúnmente como comida callejera o acompañamiento.

Ssangsu (쌍수 | ssang-su)

- Término abreviado de jerga para la cirugía de doble párpado (쌍꺼풀 수술; *ssang-kkeo-pul su-sul*). Se usa frecuentemente en conversaciones informales o debates en línea sobre procedimientos estéticos.
- **Nota**: Este es un procedimiento cosmético común en Asia para crear o resaltar el pliegue en el párpado, dando la apariencia de ojos más grandes o definidos. Se considera una mejora sutil más que una alteración drástica, especialmente entre los jóvenes adultos.

Suneung (수능 | su-neung)

- El examen de ingreso estandarizado para universidades en Corea del Sur, crucial para la admisión universitaria. Es similar al SAT en Estados Unidos, pero mucho más intenso y culturalmente significativo.
- El 수능 se toma muy en serio, con toda la nación ajustando sus horarios para apoyar a los estudiantes que lo presentan. Los estudiantes se preparan durante años, y

sus resultados influyen enormemente en sus oportunidades académicas y profesionales.

Tteokbokki (떡볶이 | tteok-bokk-i)

- Un popular platillo callejero coreano hecho con pasteles de arroz masticables (떡 / *tteok*), cocinados en una salsa picante, dulce y salada a base de *gochujang* (pasta de chile rojo).

Tuning [Afinación] (튜닝 | ttu-ning)

- Término usado en Corea del Sur como un eufemismo para referirse a pequeños retoques o mejoras estéticas en la apariencia, haciendo una analogía con "ajustar" o "afinar" un automóvil o máquina para un mejor rendimiento.
- Se refiere a tratamientos no invasivos o mínimamente invasivos, como bótox, rellenos dérmicos o procedimientos dermatológicos, en lugar de cirugías plásticas mayores.

Unnie (언니 | eon-ni)

- "Hermana mayor", usado por una mujer más joven para dirigirse o referirse a una hermana mayor o a una amiga cercana de más edad. Expresa respeto, afecto y familiaridad.
- Véase también *Hyeong*, *Oppa* y *Noona*. (Ver ilustración bajo *Unnie* en el Capítulo 1).

Wae? (왜 | wae?)

- "¿Por qué?" o "¿Cómo así?". Se usa para preguntar la razón de algo o para expresar confusión o curiosidad.

Ya! (야 | ya!)

- Exclamación informal que significa "¡Hey!" o "¡Oye!". Se usa a menudo para llamar la atención de alguien o para expresar sorpresa, molestia o urgencia.

-ya (-야 | -ya)

- Véase *-a*.

Yeppeo (예뻐 | ye-ppeo)

- Palabra coreana casual que significa "ser bonita" o "ser hermosa".
- Ejemplo de uso: "너 진짜 예뻐." (*neo ji-jja ye-ppeo.*) – "Eres realmente bonita."

Yeochin (여친 | yeo-chin)

- Término de jerga casual que significa "novia". Es una forma abreviada de 여자친구 (*yeo-ja chin-gu*), que literalmente se traduce como "amiga femenina", pero se usa comúnmente para referirse a una novia.
- Véase también *namchin*.

Yeoboseyo (여보세요 | yeo-bo-se-yo)

- Saludo educado utilizado al contestar el teléfono. Significa "¿Hola?" y es específicamente para conversaciones telefónicas.

Yeodongsaeng (여동생 | yeo-dong-saeng)

- Término usado para referirse a una "hermana menor" al hablar de ella con otros. No se usa típicamente para dirigirse directamente a una hermana menor.
- Véase también *Dongsaeng* y *Namdongsaeng*.

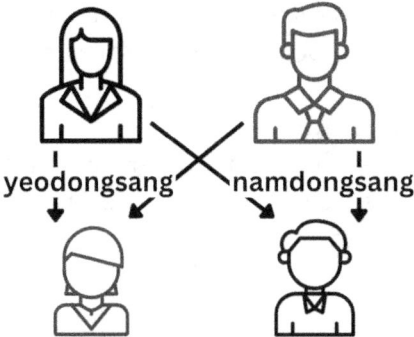

Cómo Referirse a los Hermanos Menores

Yeolsimhi (열심히 | yeol-sim-hi)

- Adverbio que significa "diligentemente", "con esfuerzo" o "con mucho empeño". Se usa comúnmente en el K-pop para describir el compromiso de los ídolos con el entrenamiento, las presentaciones y la interacción con sus fans.
- **Ejemplo de uso**: *"열심히 하겠습니다!"* (*yeol-sim-hi ha-get-seum-ni-da!*) — Frase que los ídolos del K-pop suelen decir en entrevistas, discursos de premiación o encuentros con fans, y que significa "¡Trabajaré duro!" o "¡Daré lo mejor de mí!".

Yeonae (연애 | yeo-nae)

- "Relación romántica" o "citas". Se usa para describir el amor romántico entre personas o el hecho de estar en una relación.

Yeongeo (영어 | yeong-eo)

- El idioma inglés.

Yumyeongin (유명인 | yu-myeong-in)

- "Celebridad" o "persona famosa". Se refiere a alguien conocido en su campo, como un actor, cantante, influencer o figura pública.
- **Términos relacionados**:
  - 스타 (*seut-a*) — "Estrella", un término más casual usado para referirse a celebridades, especialmente en el entretenimiento.
  - 연예인 (*yeon-ye-in*) — "Artista de entretenimiento", término usado específicamente para referirse a celebridades en la industria del entretenimiento.

Yureop (유럽 | yu-reop)

- Europa.

CAPÍTULO 5
BÚSQUEDA DE ESPAÑOL A COREANO

REFERENCIA RÁPIDA DE PALABRAS, FRASES Y EXPRESIONES RELACIONADAS CON EL K-POP

Una Nota sobre los Sujetos Omitidos en Coreano

En coreano, el sujeto de una oración —quién o qué realiza la acción— a menudo se omite si es claro por el contexto. Por ejemplo, en lugar de decir "Ella es linda", una oración en coreano podría ser simplemente 귀엽다 (gwiyeopda, "[Alguien] es lindo").

Esto es una parte natural del idioma, y los hablantes infieren el sujeto según la situación. Las conjugaciones verbales en coreano no dependen del sujeto, sino de los niveles de cortesía y los tiempos verbales, lo que hace que esta omisión sea aún más fluida.

En esta sección, verás palabras implícitas como "[Alguien]" añadidas para ayudar a clarificar el significado para los lectores en español.

Si quieres aprender más sobre cómo funciona el idioma coreano, consulta nuestro otro libro, Coreano para K-pop Fans!

(Los términos en español están seguidos del inglés entre corchetes, y luego el equivalente en coreano.)

Abdominales [Abs] – 복근 (bok-geun)

Abdominales marcados [Six Pack] – 초콜릿 복근 (cho-kol-lit bok-geun)

- Literalmente "abdominales de chocolate", debido a la apariencia segmentada similar a una barra de chocolate.

Aclamación/Cántico de apoyo [Cheering/Chant] – 응원 (eung-won)

Actuación/Presentación [Performance] – 공연 (gong-yeon)

Adiós [Bye-bye] – 안녕 (an-nyeong)

Álbum [Album] – 앨범 (ael-beom)

Amigo [Friend] – 친구 (chin-gu); Ver *Chingu* en el Capítulo 4.

Amor [Love] – 사랑 (sa-rang)

Apretón de manos [Handshake] – 악수 (ak-su)

Armonía [Harmony] [– 화음 (hwa-eum)

Artista de entretenimiento [Entertainer] – 연예인 (yeon-ye-in)

Asiento [Seat] – 좌석 (jwa-seok)

Autógrafo [Autograph] – 사인 (sa-in)

Baile [Dance] – 춤 (chum)

BIS [Encore] – 앙코르 (ang-ko-reu)

Boleto/Entrada [Ticket] – 티켓 (ti-ket)

Bonita [Pretty] – 예쁘다 (ye-ppeu-da)

- "[Alguien] es bonita" (informal) -- 예뻐 (ye-ppeo)

Canción [Song] – 노래 (no-rae) para canciones con letra y voz; 곡 (gok) para todas las piezas musicales, incluyendo instrumentales y vocales.

Canción principal/Tema titular [Title Track] – 타이틀곡 (ta-i-teul-gok)

Cantante [Singer] – 가수 (ga-su)

Carisma [Charisma] – 카리스마 (ka-ri-seu-ma)

Carta de fan [Fan Letter] – 팬레터 (paen-le-teo)

Cirugía plástica [Plastic Surgery] – 성형수술 (seong-hyeong su-sul)

Clasificación [Ranking] – 랭킹 (raeng-king)

Club de fans [Fan Club] – 팬클럽 (paen-keul-leop)

Concierto [Concert] – 콘서트 (kon-seo-teu)

Contacto visual [Eye Contact] – 아이컨택 (a-i-kon-taek)

Coquetear [Flirt] – 작업하다 (ja-geop-ha-da) [v]; **Coqueto/Mujeriego** – 바람둥이 (ba-ram-dung-i) [n]

Coreografía [Choreography] – 안무 (an-mu)

Debut [Debut] – 데뷔 (de-bwi)

Detrás del escenario [Back Stage] – 백스테이지 (baek-seu-te-i-ji)

Ensayo [Rehearsal] – 리허설 (ri-heo-seol)

Época de aprendiz [Trainee Days] – 연습생 시절 (yeon-seup-saeng si-jeol)

Escenario [Stage] – 무대 (mu-dae)

Estadio [Stadium] – 경기장 (gyeong-gi-jang)

Estilo/Apariencia con actitud [Swag] – 스웩 (seu-wek)

Estudio de danza [Dance Studio] – 댄스 스튜디오 (daen-seu seu-tu-di-o)

Estudio de grabación [Recording Studio] – 녹음실 (nok-eum-sil)

Falsete [Falsetto] – 가성 (ga-seong)

Foco de atención [Spotlight] – 스포트라이트 (seu-po-teu-ra-i-teu)

Fotografía [Photograph] – 사진 (sa-jin)

Ganar/Primer lugar [Win/1st Place] – 1위 (il-wi)

Gira mundial [World Tour] – 월드 투어 (wol-deu tu-eo)

Grabación/Filmación [Filming] – 촬영 (chwal-yeong)

Gran premio [Grand Prize] – 대상 (dae-sang)

Guapo [Handsome] – 잘생겼다 (jal-saeng-gyeot-da)

- "[Alguien] es guapo" (informal) -- 잘생겼어 (jal-saeng-gyeoss-eo)

Grabación [Recording] – 녹음 (nok-eum)

Gracias (formal) [Thank You] – 감사합니다 (gam-sa-ham-ni-da)

Gracias (informal) [Thanks] — 고마워 (go-ma-wo)

Grupo [Group] – 그룹 (geu-rup)

Habilidad [Skill] – 기술 (gi-sul)

Hermoso [Beautiful] – 아름답다 (a-reum-dap-da)

- "[Alguien] es hermoso" (informal) -- 아름다워 (a-reum-da-wo)

Hola (formal) [Hello] – 안녕하세요 (an-nyeong-ha-se-yo)

Idol – 아이돌 (a-i-dol)

Increíble/Genial [Amazing/Cool] – 멋있다 (meos-it-da)

- "[Alguien] es increíble/genial" (informal) -- 멋있어 (meos-iss-eo)

Intérprete/Artista [Performer] – 퍼포머 (peo-po-meo)

Letras de canciones [Lyrics] – 가사 (ga-sa)

Lindo [Cute] – 귀엽다 (gwi-yeop-da)

- "[Alguien] es lindo" (informal) -- 귀여워 (gwi-yeo-wo)

Lista de éxitos [Chart] – 차트 (cha-teu)

Logro [Achievement] – 성과 (seong-gwa)

Mercancía/Productos oficiales [Merchandise] – 굿즈 (gut-jeu)

Micrófono [Microphone] – 마이크 (ma-i-keu)

Movimientos de cadera/Ondas corporales [Body Rolls] – 바디 롤 (ba-di rol)

Música [Music] – 음악 (eu-mak)

Músico [Musician] – 뮤지션 (myu-ji-syeon)

Nombre artístico [Stage Name] – 예명 (ye-myeong)

Nominación [Nomination] – 후보 (hu-bo)

Nota alta [High Note] – 고음 (go-eum)

Novato/Rookie [Rookie] – 루키 (ru-ki) o 신인 (sin-in)

Pancarta [Banner] – 현수막 (hyeon-su-mak)

Posición [Position] – 포지션 (po-ji-syeon)

Premio [Award] – 상 (sang)

Presentación en vivo [Live Performance] – 라이브 (ra-i-beu)

Prueba de sonido [Soundcheck] – 사운드체크 (sa-un-deu che-keu)

Rango [Rank] – 순위 (sun-wi)

Récord/Registro [Record] – 기록 (gi-rok)

Ritmo [Rhythm; Beat] – 리듬 (ri-deum) o 비트 (bi-teu, 'beat')

Sala de conciertos [Music Hall] – 뮤직홀 (myu-jik-hol)

Sala de práctica [Practice Room] – 연습실 (yeon-seup-sil)

Selfie – 셀카 (sel-ka)

Sencillo (lanzamiento musical) [Single] – 싱글 (sing-geul)

Sesión de fotos [Photo Shoot] – 화보 촬영 (hwa-bo chwal-yeong)

Sexy – 섹시하다 (sek-si-ha-da)

- "[Alguien] es sexy" (informal) -- 섹시해 (sek-shi-hae)

Solista [Soloist] – 솔로 가수 (sol-lo ga-su)

Sonrisa [Smile] – 미소 (mi-so)

Subunidad [Subunit] – 서브 유닛 (seo-beu yu-nit) o 유닛 (yu-nit)

Talento [Talent] – 재능 (jae-neung)

Talentoso [Talented] – 재능 있는 (jae-neung in-neun)

- "[Alguien] es talentoso" (informal) -- 재능이 있어 (jae-neung-i iss-eo)

Transmisión/Emisión [Broadcast] – 방송 (bang-song)

Transmisión en línea/Streaming [Streaming] – 스트리밍 (seu-teu-ri-ming)

Trofeo [Trophy] – 트로피 (teu-ro-pi)

Vestuario de escenario [Stage Costume/Outfit] – 무대 의상 (mu-dae ui-sang)

Video – 비디오 (bi-di-o)

APÉNDICE

IDOLS Y GRUPOS POR

		SM Entertainment	YG Entertainment	JYP Entertainment	DSP Media	Cube Entertainment
1.ª Gen. (1997-2002)	Chico	H.O.T., Shinhwa, Fly to the Sky	1TYM	Rain (solo), g.o.d.	Sechs Kies	
	Chica	S.E.S., Hyoyeon (solo), BoA (solo)			Fin.K.L.	
2.ª Gen. (2003-2011)	Chico	TVXQ, Super Juinior, Lay (solo), SHINee	BIGBANG, Taeyang (solo), Se7en (solo), G-Dragon (solo)	2PM	SS501	BEAST/Highlight
	Chica	Girls' Generation, f(x)	2NE1	Wonder Girls, Miss A	KARA, Rainbow, Lee Hyori (solo)	4Minute, HyunA (solo)
3.ª Gen. (2012-2017)	Chico	EXO, NCT	WINNER, AKMU, iKON	GOT7, DAY6		BTOB, PENTAGON
	Chica	Red Velvet, Taeyeon (solo)	BLACKPINK, CL (solo)	Sunmi (solo), TWICE		
4.ª Gen. (2018~2022)	Chico		TREASURE	Stray Kids, Xdinary Heroes		
	Chica	aespa		ITZY, NMIXX		(G)I-DLE, LIGHTSUM
5.ª Gen. (2023-)	Chico	Riize		NEXZ		
	Chica		BABYMONSTER	KATSEYE, VCHA		

GENERACIÓN Y AGENCIA

FNC Entertainment	Starship Entertainment	HYBE Labels	Otros
			PSY (Yedang & Cream, signed with YG in 2010), Drunken Tiger (Jungle), Nell (Woolim Ent.)
			Baby V.O.X (DR Music)
F.T. Island, CNBLUE			U-KISS (NH Media), MBLAQ (J. Tune Camp), INFINITE (Woolim Ent.), ZE:A (Star Empire Ent.), TEEN TOP (Top Media)
	SISTAR	After School (Pledis Ent.)	IU (solo, LOEN Ent.), T-ara (MBK Ent.), Brown Eyed Girls (Nega/APOP), SECRET (TS Ent.), Apink (IST Ent.)
SF9	MONSTA X	BTS (Big Hit Ent.), SEVENTEEN (Pledis Ent.)	ASTRO (Fantagio), Wanna One (YMG Ent.), The Boyz (IST Ent.), Jackson Wang (solo, Team Wang), VIXX (Jellyfish Ent.)
AOA		GFRIEND (Source Music), fromis_9 (Pledis Ent.)	MAMAMOO (RBW Ent.), Dreamcatcher (Dreamcatcher Company)
P1Harmony	Cravity	TXT (Big Hit Ent.), ENHYPEN (Belift Lab)	ATEEZ (KQ Ent.), WOODZ (solo, Yuehua Ent.), ONEUS (RBW Ent.), DKZ (Dongyo Ent.), Kang Daniel (solo, Konnect Ent.), KINGDOM (GF Ent.)
	IVE	LE SSERAFIM (Source Music), NewJeans (ADOR)	LOONA (Blockberry Creative), Hwasa (solo, RBW/P Nation), EVERGLOW (Yuehua Ent.), SOMI (solo, The Black Label), STAYC (High Up Ent.), PURPLE KISS (RBW Ent.), TRI.BE (TR Ent.), Kep1er (WakeOne Ent.)
		TWS (Pledis Ent.), BoyNextDoor (KOZ Ent.)	ZEROBASEONE (WakeOne Ent.), Xikers (KQ Ent.), Plave (Vlast), Zodiac (One Cool Jacso), HORI7ON (MLD Ent.), EVNNE (Jellyfish Ent.), FANTASY BOYS (PocketDol Studio)
		ILLIT (Belift Lab)	Kiss of Life (S2 Ent.), Meovv (Studio Mouse), ADYA (Starting House Ent.)

NOMBRES DE FANDOM DE K-POP

Grupo	Nombre	Grupo	Nombre	Grupo	Nombre
1TYM	Hip Hop Village	(G)I-DLE	Neverland	PSY (solo)	PSYcho
2NE1	BLACK JACK	Girls' Generation	SONE	PURPLE KISS	PLORY
2PM	HOTTEST	g.o.d	fan god	Rainbow	Rainnous
4Minute	4NIA	GOT7	iGOT7	Red Velvet	ReVeluv
aespa	MY	H.O.T.	Club H.O.T.	Riize	BRIIZE
After School	Play Girlz	Hwasa (solo)	TWITS	S.E.S	Friend
AOA	AOE	HyunA (solo)	A-ing	Se7en (solo)	Lucky 7
ATEEZ	ATINY	iKON	iKONic	Sechs Kies	Yellow Kies
Baby V.O.X	Baby Angels	ILLIT	GLLIT	SEVENTEEN	CARAT
BABYMONSTER	MONSTIEZ	INFINITE	Inspirit	SF9	FANTASY
BEAST/Highlight	B2UTY/Light	ITZY	MIDZY	SHINee	SHAWOL
BIGBANG	VIP	IU (solo)	Uaena	SISTAR	Star1
BLACKPINK	BLINK	IVE	DIVE	SS501	Triple S
BoA (solo)	Jumping BoA	KARA	Kamilia	STAYC	SWITH
BoyNextDoor	ONEDOOR	KATSEYE	EYEKONS	Stray Kids	STAY
BTOB	Melody	Kep1er	Kep1ian	Super Juinior	E.L.F
BTS	ARMY	KINGDOM	KINGMAKER	T-ara	QUEEN'S
CL (solo)	GZB	Kiss of Life	KISSY	THE BOYZ	The B
CNBLUE	Boice	LE SSERAFIM	FEARNOT	TREASURE	Treasure Maker
Cravity	LUVITY	LIGHTSUM	SUMIT	TVXQ	Cassiopeia
DAY6	My Day	LOONA	Orbit	TWICE	ONCE
Drunken Tiger	MFBTY	MAMAMOO	MooMoo	TWS	42
ENHYPEN	ENGENE	Miss A	Say A	TXT	MOA
EVERGLOW	FOREVER	MONSTA X	MONBEBE	VCHA	VLIGHTS
EXO	EXO-L	NCT	NCTzen	Wanna One	Wannable
f(x)	ME U	New Jeans	Bunnies	Weeekly	Daileee
Fin.K.L	FINKY	NEXZ	Nex2y	WINNER	INNER CIRCLE
Fly to the Sky	Fly High	NMIXX	NSWER	Wonder Girls	Wonderful
fromis_9	flover	ONEUS	TO MOON	Xikers	roady
G-Dragon (solo)	Applers	P1Harmony	P1ece	ZEROBASEONE	ZEROSE
GFRIEND	BUDDY	Plave	PLLI	Zodiac	X-BLISS

Expresiones Comunes en Mensajes de Texto en Coreano

También vistas en subtítulos de videos para contenido informal.

Expresión	Pronunciación	Significado	Contexto de Uso
ㅋㅋㅋㅋ	Ke-ke-ke	Risa fuerte, como "LOL" o "Jaja"	Reaccionar a bromas, mostrar diversión o agregar humor
ㅎㅎㅎㅎ	Heo-heo-heo	Risa suave, como "Jaja"	Para suavizar el tono, mostrar risa leve o un ambiente amistoso
^^	N/A	Cara sonriente	Para transmitir felicidad, amabilidad o cortesía
ㅠㅠ	Yoo-yoo	Cara llorando	Para expresar tristeza, simpatía o frustración
ㅋㅋㅎㅎ	Kekeke-Heoheo	Risa combinada	Combinación de tono sarcástico y amable
ㅋㅋㅋㅠㅠ	Kekeke-Yoo-yoo	Risa con llanto	Reacción a algo gracioso pero también identificable o triste
ㅇㅇ	No aplica (N/A)	Sí, Aja, o Está bien	Para estar de acuerdo, reconocer o responder afirmativamente de manera relajada
ㄱㅅ	Gam-sa	"Gracias"	Para expresar gratitud de manera informal
ㄴㄴ	No-no	No o Nop	Para rechazar o estar en desacuerdo de manera informal
ㄱㄱ	Go-go	Vamos o Listo para ir	Para expresar estar listo o emocionado por continuar

¿TE GUSTÓ ESTE LIBRO?

Si este libro te ayudó a profundizar tu experiencia con el K-pop, ¿te tomarías un momento para compartir tus pensamientos? Incluso una rápida calificación de estrellas o unas pocas palabras pueden ayudar a otros fans a descubrir la magia de la cultura del K-pop.

Solo haz clic/escanea los códigos QR a continuación o haz clic en "Escribir una reseña del producto" en tu pedido de Amazon.

Si deseas comprar otra copia, solo haz clic/escanea:

감사합니다 (¡Gracias!) del equipo de The Hallyu Press 🤍

OTROS LIBROS DE HALLYU PRESS:

COREANO PARA K-POP FANS:
Domina lo básico del Hangul, la
gramática y pronunciación -
Entiende la letra de las canciones y
los chistes, y canta con tus ídolos
favoritos

El FENÓMENO DEL K-POP: Sus
orígenes, su evolución y futuro -
Recorre la historia de los idols de
primera a quinta generación y
explora las fuerzas detrás de esta
sensación global

KOREAN FOR K-POP FANS:
Master Basics of Hangul, Grammar,
and Pronunciation — Understand
Song Lyrics, Get Jokes, and Sing
Along with Your Favorite Idols

THE K-POP PHENOMENON:
Origins, Evolution, and Future —
Trace the History of First to Fifth-
Generation Idols; Explore the
Forces Behind the Global Sensation

**THE ULTIMATE K-POP DICTIO-
NARY**: From Hangul to Konglish –
Decode Fandom Slang, Idol
Culture, Song Lyrics, and Industry
Jargon with These 500+ Words and
Phrases Commonly Used in the
World of K-pop

www.ingramcontent.com/pod-product-compliance
Lightning Source LLC
Chambersburg PA
CBHW071759120626
46550CB00002B/852